国家文化产业资金支持媒体融合重大项目

职业教育教学改革融合创新型教材

基础会计实训

沈清文 主 编
张 怡 吕玉林 副主编

东北财经大学出版社 大连
Dongbei University of Finance & Economics Press

图书在版编目（CIP）数据

基础会计实训 / 沈清文主编. —大连：东北财经大学出版社，2020.10（2022.8 重印）
（职业教育教学改革融合创新型教材）
ISBN 978-7-5654-3905-6

Ⅰ. 基… Ⅱ. 沈… Ⅲ. 会计学-职业教育-教材 Ⅳ. F230

中国版本图书馆 CIP 数据核字（2020）第 127419 号

东北财经大学出版社出版
（大连市黑石礁尖山街 217 号 邮政编码 116025）
网 址：http：//www.dufep.cn
读者信箱：dufep@dufe.edu.cn

大连图腾彩色印刷有限公司印刷 东北财经大学出版社发行

幅面尺寸：185mm×260mm 字数：250 千字 印张：15.25 插页：1
2020 年 10 月第 1 版 2022 年 8 月第 2 次印刷

责任编辑：张旭凤 王 娟 责任校对：木 棉
封面设计：冀贵收 版式设计：原 皓

定价：46.00 元

教学支持 售后服务 联系电话：（0411）84710309
版权所有 侵权必究 举报电话：（0411）84710523
如有印装质量问题，请联系营销部：（0411）84710711

富媒体智能型教材出版说明

“财经高等职业教育富媒体智能型教材开发系统工程”入选国家新闻出版广电总局新闻出版改革发展项目库，并获得文化产业专项资金支持，是“国家文化产业资金支持媒体融合重大项目”。项目以“融通”“融合”“共建”“共享”为特色，是东北财经大学出版社积极落实国家推动传统媒体与新媒体融合发展的重要举措之一。

“财济书院”智能教学互动平台是该工程项目建设成果之一。该平台通过系统、合理的架构设计，将教学资源与教学应用集成于一体，具有教学内容多元呈现、课堂教学实时交互、测试考评个性设置、用户学情高效分析等核心功能，是高校开展信息化教学的有力支撑和应用保障。

富媒体智能型教材是该工程项目建设成果之二。该类教材是我社供给侧结构性改革探索性策划的创新型产品，是一种新形态立体化教材。富媒体智能型教材秉持严谨的教学设计思想和先进的教材设计理念，为财经职业教育教与学、课程与教材的融通奠定了基础，较好地避免了传统教学模式和单一纸质教材容易出现的“两张皮”现象，有助于教学质量的提高和教学效果的提升。

从教材资源的呈现形式来说，富媒体智能型教材实现了传统纸质教材与数字技术的融合，通过二维码建立链接，将VR、微课、视频、动画、音频、图文和试题库等富媒体资源丰富地呈现给用户；从教材内容的选取整合来说，其实现了职业教育与产业发展的融合，不仅注重专业教学内容与职业能力培养的有效对接，而且很好地解决了部分专业课程学与训、训与评的难题；从教材的教学使用过程来说，其实现了线下自主与线上互动的融合，学生可以在有网络支持的任何地方自主完成预习、巩固、复习等，教师可以在教学中灵活使用随堂点名、作业布置及批改、自测及组卷考试、成绩统计分析等平台辅助教学工具。

富媒体智能型教材设计新颖，一书一码，使用便捷。使用富媒体智能型教材的师生首先下载“财济书院”App或者进入“财济书院”（www.idufep.com）平台完成注册，然后登录“财济书院”输入教材封四学习卡中的激活码建立或找到班级和课程对应教材，就可以开启个性化教与学之旅。

“重塑教学空间，回归教学本源！”“财济书院”平台不仅仅是出版社提供教学资源和服务的平台，更是出版社为作者和广大院校创设的一个自主选择和自主探究的教与学的空间，作者和广大院校师生既是这个空间的使用者和消费者，也是这个空间的创造者和建设者，在这里，出版社、作者、院校共建资源，共享回报，共创未来。

最后，感谢各位作者为支持项目建设所付出的辛劳和智慧，也欢迎广大院校在教学中积极使用富媒体智能型教材和“财济书院”平台，东北财经大学出版社愿意也必将陪伴广大职业教育工作者走向更加光明而美好的职教发展新阶段。

主编简介

沈清文，女，1964年11月生人，中共党员，管理学硕士，2004年晋升教授，现为三级教授。全国高职高专经济管理类专业教学资源建设专家委员会委员，省财经教指委教材组副组长，省级会计教学团队带头人，省级重点建设专业（会计专业）项目负责人，“企业财务会计”省级精品课程负责人。

曾获“黑龙江省第三届教学名师”“黑龙江省模范教师”“黑龙江省‘巾帼建功’标兵”“黑龙江省高等学校教学管理质量奖”等荣誉称号和奖项。兼任中国人民大学、哈尔滨商业大学硕士研究生校外导师，佳木斯市经济技术指导专家，省级面试考官等职。

主持省教育科学“十二五”重点课题、社会科学研究和教改工程项目等共7个；参与全国哲学社会科学规划项目、专业教学资源库建设项目等国家级重点项目；发表论文40余篇，主审教材6部，主参编教材28部。其中，主编的《基础会计》教材先后入选“十一五”国家规划教材、教育部普通高等教育精品教材、“十二五”职业教育国家规划教材，并获省级教学成果二等奖。

前言

本书内容以会计实际工作中的典型工作任务为标准，按照会计工作过程进行编排。全书共分三部分：第一部分为单项实训；第二部分为综合实训，这部分内容以某一工业企业的实际经济活动为例，以业务说明及原始凭证展现企业的典型经济业务，使学习者置身于仿真工作环境，进而模拟演练企业常见经济业务的会计处理，训练自身从事会计工作的岗位技能；第三部分为单据簿。

本书的特色主要体现在以下4个方面：

1.学练结合，体现实操性

本书从单项和综合两个层面将会计职业认知和源于实际工作的现象及问题进行了归纳和梳理，学练合一，将专业的理论知识与职业入门技能结合在一起，学习者通过完成这两部分的训练，不仅得到会计核算能力和会计相关问题检查处理能力的培养，还可以获得职业综合能力的提升。

2.业务典型，体现职业性

本书涉及的会计核算相关训练项目大都以仿真单据、账簿等形式展现经济业务内容，有较强的职业实践性和业务可操作性，让学习者体会真实会计岗位的业务情境，进而熟练掌握会计工作基本流程和能力，为在专业会计课程中进一步学习会计岗位技能或到岗位工作奠定基础。

3.在线账号，体现立体化

虽然本书配备的凭证、账簿和报表等都是高度仿真的，力求与实际工作中接触到的一样，但是纸质材料毕竟受不可重复练习的约束，因此除了线下仿真实操外，本书还提供了线上实训空间，学习者可以通过本书配备的一人一号实训账号进行全部业务的在线仿真实训，更好地提升学习效果。具体操作方式为：打开东北财经大学出版社在线教学平台——“财道书院”“基础会计实训”课程（https://www.idufep.com/web/web!courseDetail.do?courseID=9211），然后选择“加入课程”，最后填入封底所附学习卡中的激活码进行激活。如果没有“财道书院”账号，请先自行注册后再登录。

4.配套答案，体现完整性

为了方便学生准确把握实训效果，不断改正和提高业务技能，编者编写了完整的配套参考答案。其中，第二部分会计核算综合技能实训中92笔业务应填制的会计凭证以二维码的形式呈现在每笔业务旁边，方便演练后核对。

本书由黑龙江农业职业技术学院沈清文教授担任主编，负责全书的整体结构设计，拟定编写大纲，总纂定稿，张怡、吕玉林担任副主编。书中各项目的执笔人分别为：张怡、肖晓旭负责项目一、项目二，吕玉林、刘莉莉负责项目三至项目五，沈清文、马丽亚负责项目六至项目九，以及第二部分的项目十。衷心希望本书能成为教师的重要教学资源，成为职业院校学生提升会计基础能力的必备资料。

同时，编者建议学员在教师的指导下，将本书的仿真单据簿根据业务需要撕下来灵活做账使用，充分对接企业会计工作实务。需要说明的是，利用本书进行手工实操，还需要准备以下素材：总分类账1本（含100页账页）；三栏式明细账1本（含40页账页）；多栏式明细账1本（含30页账页）；数量金额式明细账1本（含20页账页）；应交增值税明细账1本（含10页账页）；库存现金日记账1本（含6页账页）；银行存款日记账1本（含6页账页）；T形账（10页）；科目汇总表（4页）；试算平衡表（4页）；资产负债表（4页）；利润表（4页）；现金流量表（4页）；通用记账凭证（150页）。上述素材，学员既可以在办公用品商店购买，也可以登录在线实训平台下载打印。

由于编者水平有限，书中疏漏之处在所难免，恳请读者在使用过程中提出宝贵意见或建议，以便修订时改进。

编　者

2020年7月

目 录

第一部分

单项实训

项目一　认识会计职业和企业

实训目的

通过本项目实训，使学生能够正确理解企业的含义，能够区别各法律主体的性质。

实训资料

1.佳木斯市劳动就业培训学校，是专门对待业人员进行免费培训的机构，属于政府扶贫项目承办单位。

2.尚都联合动力设备制造有限公司，主要生产小功率高速轻型发动机及其配套的便携式发电机组、水泵机组等产品，公司实行规范化和量化管理。

3.信任投资有限公司是一家融资专业服务机构。经营范围包括个人小额无抵押贷款、企业无抵押贷款、民间借贷、融资服务咨询等。

4.中智慧教育培训学校，是专门致力于学生学习能力开发和培养、学习社区建设、家庭教育研究的教育机构，致力于传播先进教学思想，研究先进教学方法，帮助个人和社会其他机构获得更多、更好的教育和发展机会等。

5.北京清正策划有限公司是中国社会福利教育基金会下属机构，专注于中国和法国之间的文化教育交流，与法国的众多院校及教育机构建立了良好的合作关系，提供代办签证和输送学生赴法国留学服务。

实训要求

根据所给实训资料，判断1～5中哪些单位属于企业，并简要说明。

1-1

扫码看答案

项目二　认识会计和会计工作

实训目的

通过本项目实训，使学生对会计和会计工作有更加明确的认识，能够熟悉会计的对象，明确权责发生制和收付实现制。

实训资料

1.赵旭和宋承恩是会计专业新生，入学不久，两人就成了好朋友。一天，两人谈到了专业：宋承恩说会计到底是什么？不就是一个称呼吗？我家邻居赵阿姨就是会计，大家都喊她赵会计。赵旭说，你说的好像不对，因为会计是要做一系列工作的，怎么能说就是个称呼呢，二人争执不下。

2.宏大公司相关经济业务事项见表2-1。

表2-1　宏大公司相关经济业务事项一览表

序号	业务事项内容	会计要素类别
1	出纳员保管的现金	
2	企业新购置的办公楼	
3	公司完工入库的产品	
4	购材料欠付的款项	
5	尚未发放的职工工资	
6	欠缴的税费	
7	收取的出借包装物押金	
8	预付给企业职工的差旅费	
9	销售商品尚未收回的款项	
10	投资者投入的资本金	
11	企业本年实现的净利润	
12	从银行借入的3个月借款	
13	应付给投资者的利润	

续表

序号	业务事项内容	会计要素类别
14	公司因购货而预先支付的货款	
15	公司销售产品实现的收入	
16	发生的业务招待费	
17	生产产品发生的工资	
18	转让专项技术使用权的收入	
19	租入设备支付的押金	
20	推销商品的广告费	

3.鼎盛公司是一家股份有限责任公司，2019年7月份发生如下经济业务：

（1）3日，销售甲商品25件，单价为200元，货款5 000元尚未收到。

（2）8日，为购买材料预付了3 000元定金，款项以银行存款支付。

（3）10日，销售乙商品100件，单价为100元，货款10 000元，款项已收到存入银行。

（4）15日，以银行存款支付商品广告费1 000元。

（5）28日，收到丰润公司上月所欠货款10 000元，存入银行。

（6）29日，用现金购买办公用打印纸100元。

（7）30日，用存款12 000元预付明年1—12月份的财产保险费。

实训要求

（1）根据实训资料1，帮助赵旭和宋承恩厘清会计和会计工作的关系，提出正确的看法。

（2）将实训资料2中各经济业务事项的会计要素类别填入表2-1相应栏目中。

（3）根据实训资料3，按照权责发生制计算鼎盛公司2019年7月份的利润。

2-1 扫码看答案

2-2 扫码看答案

2-3 扫码看答案

项目三　认识会计等式

实训目的

通过实训，使学生能够认识经济业务变化的规律，掌握会计恒等式，能够证明会计等式是一个恒等式。

实训资料

1. 大地股份有限责任公司的情况：

（1）大地股份有限责任公司是一家刚成立的制造企业，初期共筹集资金2 000万元，其中，在银行贷款400万元，其余1 600万元资金由投资者投入。

（2）投产当月发生的经济业务如下：生产产品领用价值5 000元的材料；公司领导出差借支差旅费3 000元；公司办公室用100元现金购买办公用品；销售一批产品，收入1 000 000元，该批产品成本为750 000元。

2. 吉尔公司2019年7月份发生了以下经济业务：

（1）2日，购买了价值5 000元的材料，款项尚未付。

（2）5日，销售一批商品，实现销售收入10 000元，存入银行。

（3）10日，收到投资人投入的100 000元投资款，存入银行。

（4）20日，以银行存款偿还所欠货款5 000元。

（5）22日，将现金2 000元存入银行。

（6）28日，用银行存款3 000元支付电话费。

实训要求

（1）根据实训资料1，列出初始筹集资金的各种来源与总额之间的关系式。

（2）根据实训资料1回答：大地公司发生的经济业务，是否改变了资料1（1）中所列的关系式？公司首月盈利多少？收入、费用和利润之间存在怎样的关系？

（3）根据实训资料2，分析每项经济业务对会计等式平衡的影响。

3-1　扫码看答案　　3-2　扫码看答案　　3-3　扫码看答案

项目四　建账前的准备

实训4-1　理解会计科目和会计账户的关系

实训目的

通过实训，使学生能够正确认识会计科目和会计账户及其相互关系。

实训资料

明明和佳佳是会计专业大一的学生，本学期所学专业开设了“基础会计”课程，对于刚接触会计专业的学生来说，有些内容难以理解，特别是会计科目和会计账户这两个概念，老师在讲授课程时总是穿插或交替使用，有时叫会计科目，有时叫会计账户，所以，明明认为会计科目和会计账户就是一回事。佳佳则持不同态度，认为不是一回事，否则教材中就不会出现两个名词了，她们为此发生了争执。

实训要求

请分析明明和佳佳谁说的有道理。

4-1

扫码看答案

实训4-2　借贷记账法的运用

实训目的

通过实训，使学生能够充分理解借贷记账法，熟悉借贷记账法，从而正确运用借贷记账法。

实训资料

1.公司收到投资者的货币资金投资500万元，存入银行。
2.公司向银行借入6个月短期借款100万元，已划入公司账户。
3.公司将现金5 000元存入银行。
4.公司从银行提取10 000元现金。
5.公司以现金预付经理宋佳借支差旅费1 000元。
6.公司办公室用现金100元购买办公用品，直接投入使用。

7.公司用银行存款20 000元偿还上月所欠的货款。

8.会计人员确认客户所欠的货款30 000元已归还并存入公司银行账户。

实训要求

根据实训资料，对每笔经济业务进行分析，指出所记入的账户名称、方向和金额，并分别登记T形账户。

4-2

扫码看答案

实训4-3　辨别会计科目类型

实训目的

通过实训，使学生能够熟悉会计科目的分类，为借贷记账法的运用奠定基础。

实训资料

会计科目分类表见表4-1。

表4-1　会计科目分类表

会计科目	资产类	负债类	所有者权益类	成本类	损益类
库存现金					
银行存款					
应收票据					
应收账款					
坏账准备					
原材料					
库存商品					
固定资产					
生产成本					
预付账款					
短期借款					
应付账款					
应付职工薪酬					
长期借款					
利润分配					
实收资本					
主营业务成本					
其他业务收入					
财务费用					
管理费用					

实训要求

判断表4-1中所列会计科目的类别，并在相应类别栏中画"√"标记。

4-3

扫码看答案

实训4-4　熟悉账户余额与发生额的关系

实训目的

通过实训，使学生能够熟悉账户余额与发生额的关系，能够在给定任意3个金额要素的情况下，计算出第4个要素的金额。

实训资料

具体账户余额及发生额见表4-2。

表4-2　　账户余额及发生额计算表　　单位：元

账户名称	期初余额		本期发生额		期末余额	
	借方	贷方	借方	贷方	借方	贷方
银行存款	100 000		300 000		250 000	
应收账款	50 000		900 000	580 000		
短期借款		120 000	80 000	100 000		
实收资本		3 000 000		100 000		
库存商品	580 000		200 000		300 000	
应付账款		100 000	50 000			
库存现金	30 000			20 000	15 000	
其他应收款	5 000		2 000	3 000		

实训要求

根据表4-2的资料，计算分析填写相关数据。

4-4

扫码看答案

项目五　期初建账

实训目的

通过本项目实训，使学生能够科学地选用账簿及账页格式，熟练掌握会计账簿启用和期初余额的登记方法。

实训资料

2018年12月31日，华瑞机械制造有限责任公司总分类账和有关明细账户余额见表5-1、表5-2、表5-3。

表5-1　总分类账户余额表　单位：元

账户名称	方　向	金　额	账户名称	方　向	金　额
库存现金	借	5 000	短期借款	贷	10 000
银行存款	借	3 525 500	应付账款	贷	116 600
应收账款	借	160 500	应交税费	贷	46 000
原 材 料	借	80 000	长期借款	贷	200 000
库存商品	借	65 000	实收资本	贷	400 000
固定资产	借	1 205 000	盈余公积	贷	20 000
累计折旧	贷	320 000	本年利润	贷	928 400
			利润分配	贷	3 000 000

表5-2　存货明细账户余额表

存货名称	单　位	数　量	单　价（元）	金　额（元）
甲产品	件	400	100	40 000
乙产品	件	500	50	25 000
A材料	千克	1 500	20	30 000
B材料	千克	1 000	50	50 000

表5-3　债权债务明细账户余额表　单位：元

总账账户	明细账户	借或贷	金　额
应收账款	华丰公司	借	58 500
	宏图公司	借	102 000
应付账款	红达公司	贷	93 600
	大发公司	贷	23 000
应交税费	未交增值税	贷	46 000

实训要求

1. 根据表5-1资料建立总账，设置表5-1所列的每一个账户，登记2019年1月份期初余额，填写“账簿启用及交接表”和“账簿目录表”。

2. 根据表5-1资料建立日记账，设置库存现金日记账和银行存款日记账，并根据表5-1所列数据，登记“库存现金”账户和“银行存款”账户的期初余额，登记“账簿启用及交接表”。

3. 根据表5-2、表5-3资料建立明细账，设置原材料、库存商品、应收账款、应付账款、生产成本、管理费用6个明细账户，登记2019年1月份原材料、库存商品、应收账款、应付账款账户的期初余额，登记“账簿启用及交接表”和“账簿目录表”。

说明：本实训用表及账页见实物包实训账簿（总分类账）、实训账簿（明细账、日记账）。

5-1 扫码看答案　　5-2 扫码看答案　　5-3 扫码看答案

项目六　填制与审核会计凭证

实训目的

通过本项目实训，使学生能够熟悉会计凭证相关知识，明确会计凭证填制的要求，掌握原始凭证的填制与审核方法、记账凭证的填制与审核方法。

实训资料

1.蓬勃公司2019年7月份发生下列经济业务，已取得如下原始凭证：

（1）5日，从银行提取现金2 000元，原始凭证见单据簿第<u>59</u>页中国工商银行现金支票存根（单据6–1）。

（2）6日，业务科吴昊预借差旅费2 000元，以现金支付，原始凭证见单据簿第<u>59</u>页借款单（单据6–2）。

（3）6日，总经理办公室邵帅报销在文化用品商店购买的办公用品费678元，以现金支付，原始凭证见单据簿第<u>59</u>页增值税普通发票（单据6–3）。

（4）7日，从天华机械公司购进φ14mm圆钢2吨，单价5 000元，增值税税率13%，款项尚未支付，材料已验收入库。原始凭证见单据簿第<u>61</u>页增值税专用发票（单据6–4）、收料单（单据6–5）。

（5）15日，吴昊出差回来，报销差旅费2 250元，补付吴昊现金250元。原始凭证见单据簿第<u>63</u>页差旅费报销单（单据6–6）。

2.佳木斯通达公司位于佳木斯市郊区长青路198号，单位负责人王晓，财务负责人高枫，业务科科长张大伟。2019年7月份发生的经济业务如下：

（1）2日，业务科赵小丽预借差旅费3 000元，以现金支付。需填制一张借款单，原始凭证见单据簿第<u>63</u>页借款单（单据6–7）。

（2）5日，从银行提取5 000元备用金。填制现金支票一张（本公司开户银行：中国工商银行通江支行；账号：6523170050112856109），原始凭证见单据簿第<u>65～66</u>页中国工商银行现金支票（单据6–8）。

（3）6日，总务科从市华联商厦购进办公用椅5把，单价300元；文件夹5个，单价6元，直接投入财务部使用。开出转账支票支付货款。原始凭证见单据簿第<u>65～66</u>页中国工商银行转账支票（单据6–9）。

（4）8日，以信汇方式归还前欠大地机械厂材料款50 000元。需填制信汇凭证一张（大地机械厂开户银行：中国工商银行株洲市前锋支行；账号：7525190012787265223；

地址：株洲市大岗区前锋路26号），原始凭证见单据簿第_67~69_页中国工商银行信汇凭证（单据6-10-1、6-10-2、6-10-3、6-10-4）。

（5）14日，1号仓库保管员王小宝收到市金属材料公司送来的钢材1号圆钢2吨，单价5 000元，该发票号码65478901。需填收料单一张，原始凭证见单据簿第_71~73_页收料单（单据6-11-1、6-11-2、6-11-3、6-11-4）。

（6）18日，1号仓库保管员王小宝按照生产通知单，如数发给装配车间领料人吕东包装产成品用包装箱50个，单价80元。需填制领料单一张，原始凭证见单据簿第_75~77_页领料单（单据6-12-1、6-12-2、6-12-3、6-12-4）。

（7）25日，将超限额库存现金4 000元送存银行。其中，面额100元的36张，面额50元的4张，面额20元的10张。需填制一张中国工商银行现金存款凭条，原始凭证见单据簿第_77_页中国工商银行现金存款凭条（单据6-13-1、6-13-2）。

（8）29日，销售给茂源公司车床2台，单价25 000元，增值税税率13%。开具增值税专用发票，并已向银行办妥托收承付手续（茂源公司地址及电话：佳木斯市前进区胜利东路23号，0454-87210933；开户银行：中国工商银行东风支行；银行账号：6631540020115623380；纳税人识别号912308002067761239。本公司纳税人识别号：2468092337122870N）。需填制增值税专用发票及委托银行托收承付结算凭证各一张，原始凭证见单据簿第_79_页增值税专用发票（单据6-14-1、6-14-2、6-14-3），单据簿第_81~85_页托收凭证（单据6-15-1、6-15-2、6-15-3、6-15-4、6-15-5）。

3.佳木斯市丽都公司2019年7月份发生的经济业务均已取得或填制了原始凭证，这里略。具体经济业务事项如下：

（1）2日，向中国工商银行中山支行借入3个月期限的流动资金周转借款500 000元。

（2）4日，收回通力工厂前欠货款56 500元。

（3）5日，购买材料1 000千克，单价50元，增值税专用发票注明价款50 000元，增值税6 500元，开出转账支票支付。

（4）6日，从银行提取现金5 000元。

（5）7日，5日购买的材料运抵公司，并已验收入库。

（6）7日，预付销售部经理王璐差旅费2 000元。

（7）7日，用现金支付邮寄费21.8元，其中，价款20元，增值税1.8元。

（8）8日，销售给金鑫公司甲商品200件，单价500元，增值税专用发票注明价款100 000元，增值税13 000元，收到一张面额113 000元的转账支票。

（9）9日，购买一台生产设备，增值税专用发票注明价款100 000元，增值税13 000元，款项用银行汇票支付。

（10）11日，收回应收宏伟公司欠货款56 500元。

（11）13日，王璐出差归来，报销差旅费2 845元，其中，火车票545元（交通费暂不考虑增值税）。

（12）14日，将超限额库存现金5 800元存入银行。

（13）15日，归还逢源公司货款33 900元。

（14）16日，开出转账支票，支付农业职业技术学院培训费10 000元。

（15）17日，原有流动资金借款200 000元到期，已通过银行划转归还。

（16）19日，生产甲产品领料100千克，乙产品领料50千克，材料单价为50元。

（17）20日，从文化用品商店购入复写纸2盒，每盒20元，计40元；签字笔20支，每支3元，计60元。取得的增值税专用发票注明价款100元，增值税13元，直接投入财务部使用。

（18）22日，通过银行发放工资2 000 000元。

（19）26日，生产甲产品领料200千克，材料单价为50元。

（20）26日，销售给大明公司甲产品100件，单价500元，增值税专用发票注明价款50 000元，增值税6 500元，收到一张面额56 500元的转账支票。

（21）31日，分配工资费用，其中，产品生产人员工资1 200 000元（甲产品生产人员工资800 000元，乙产品生产人员工资400 000元），车间管理人员工资100 000元，行政管理人员工资200 000元，销售人员工资500 000元。

（22）31日，计提固定资产折旧5 000元，其中，生产用固定资产计提3 000元，管理用固定资产计提950元，销售用固定资产计提1 050元。

（23）31日，收到职工交来的违章罚款200元。

（24）31日，按工资比例分配制造费用。

（25）31日，结转已售产品成本80 000元。

4.佳木斯市湘源公司2019年7月份发生的经济业务均已取得或填制了原始凭证，并根据审核后的原始凭证填制了记账凭证。部分经济业务所填记账凭证如下：

（1）5日，公司将超限额库存现金1 500元送存银行。该笔业务所填写的记账凭证见单据簿第<u>85</u>页的收款凭证（单据6-16）。

（2）13日，公司从开户银行提取现金15 000元备用。该笔业务所填写的记账凭证见单据簿第<u>87</u>页的收款凭证（单据6-17）。

（3）19日，公司用银行存款偿还2年期借款800 000元。该笔业务所填写的记账凭证见单据簿第<u>87</u>页的付款凭证（单据6-18）。

（4）20日，销售部尚宏铭出差预借差旅费2 000元，公司以现金支付。该笔业务所填写的记账凭证见单据簿第<u>87</u>页的付款凭证（单据6-19）。

（5）27日，总经理办公室乔红出差归来，报销差旅费2 372元，其中，火车票872元，公司以现金支付。（乔红出差前未借支差旅费）该笔业务所填写的记账凭证见单据簿第<u>89</u>页的付款凭证（单据6-20）。

（6）28日，开出面值300元转账支票用于购买办公用品。取得的增值税专用发票上注明价款265.49元，增值税34.51元。办公用品直接投入使用。该笔业务所填写的记账凭证见单据簿第<u>89</u>页的付款凭证（单据6-21）。

（7）29日，公司签发一张面值为3 390元的商业汇票用于购买甲材料。取得的增值税专用发票上面注明价款3 000元，增值税390元，材料已验收入库。该笔业务所填写的记账凭证见单据簿第<u>89</u>页的付款凭证（单据6-22）。

（8）31日，赊销给环宇公司商品一批，开出的增值税专用发票上注明价款20 000元，增值税2 600元，商品已经发出。该笔业务所填写的记账凭证见单据簿第<u>91</u>页的转账凭证（单据6-23）。

实训要求

1. 根据实训资料1，审核所取得的原始凭证，指出错误所在，并提出处理意见。

2. 根据实训资料2所列的经济业务，填制本单位应该填制的原始凭证，并履行签名盖章手续（不具备条件的学校，盖章可略）。

3. 根据实训资料3所列经济业务中的原始凭证，填制通用记账凭证和专用记账凭证。

4. 根据实训资料4，审核所填制的记账凭证是否正确，如有错误，请改正。

6-1 扫码看答案　6-2 扫码看答案　6-3 扫码看答案　6-4 扫码看答案

项目七 处理会计账簿

实训目的

通过本项目实训，使学生能熟练填写账簿启用与经管人员一览表，能够查找出账簿启用中存在的问题，正确登记会计账簿。

实训资料

1.宏源公司负责人张小海说，近期公司将进行财务人员调整，材料会计周东调离财务科。财务主管徐红宣布：2019年7月20日起，公司原出纳舒慧（舒慧是在2018年1月10日任职出纳岗位的）接任公司材料会计工作，财务科肖枫接任舒慧的出纳工作。按照要求，他们履行了交接手续。履行手续后，库存现金日记账和原材料明细账的扉页见单据簿第<u>91～93</u>页账簿启用及交接表（单据7-1、单据7-2），库存现金日记账见单据簿第<u>93</u>页库存现金日记账（单据7-3）。

2.宏源公司2019年7月1日总分类账户和明细分类账户的期初余额见表7-1至表7-4。

表7-1 总分类账户余额表 单位：元

账户名称	方向	金额	账户名称	方向	金额
库存现金	借	5 000	应付账款	贷	120 000
银行存款	借	1 883 000	长期借款	贷	200 000
应收账款	借	260 000	实收资本	贷	3 610 000
原材料	借	42 000	盈余公积	贷	20 000
库存商品	借	880 000	利润分配	贷	330 000
生产成本	借	320 000			
固定资产	借	1 010 000			
累计折旧	贷	120 000			
合计		4 280 000	合计		4 280 000

表7-2 存货明细账户余额表

存货名称	单位	数量	单价（元）	金额（元）
甲产品	件	400	1 000	400 000
乙产品	件	600	800	480 000
A材料	千克	600	20	12 000
B材料	千克	300	100	30 000

表 7-3 生产成本明细账户余额表 金额单位：元

产品名称	数量	计量单位	成本项目			合计
			直接材料	直接人工	制造费用	
甲产品	200	件	200 000	30 000	10 000	240 000
乙产品	100	件	65 000	10 000	5 000	80 000
合 计			265 000	40 000	15 000	320 000

表 7-4 债权债务明细账户余额表 单位：元

总账账户	明细账户	借或贷	金 额
应收账款	大华公司	借	160 000
应收账款	硕丰公司	借	100 000
应付账款	宏利公司	贷	40 000
应付账款	光明建材厂	贷	80 000

3.宏源公司2019年7月份有关业务的部分原始凭证（不作为登记账簿依据的原始凭证略）和所填制的记账凭证见单据簿第 95～121 页的单据7-4至单据7-45。

4.新星实业有限责任公司（简称新星公司）2019年6月份部分原始凭证、记账凭证及账簿资料见单据7-46至单据7-64：

（1）原始凭证

业务1的原始凭证见单据簿第 123 页的增值税专用发票（单据7-46）、转账支票存根（单据7-47）。

业务2的原始凭证见单据簿第 123 页的借款单（单据7-48）。

业务3的原始凭证见单据簿第 125 页的银行进账单（收账通知）（单据7-49）。

业务4的原始凭证见单据簿第 125 页的增值税专用发票（单据7-50）、转账支票存根（单据7-51）。

业务5的原始凭证见单据簿第 127 页的银行信汇凭证（回单）（单据7-52）。

（2）记账凭证

业务1的记账凭证见单据簿第 127 页的单据7-53。

业务2的记账凭证见单据簿第 129 页的单据7-54。

业务3的记账凭证见单据簿第 129 页的单据7-55。

业务4的记账凭证见单据簿第 129 页的单据7-56。

业务5的记账凭证见单据簿第 131 页的单据7-57。

（3）账簿资料

账簿资料见单据簿第 131～135 页的单据7-58至单据7-64。

实训要求

7-1

扫码看答案

（1）根据实训资料1，指出账簿启用及交接表表，即单据7-1和单据7-2中存在的问题。

（2）根据实训资料2所给资料，登记宏源公司2019年7月份各账户期初余额。

（3）根据实训资料3所给有关原始凭证和记账凭证，登记宏源公司2019年7月份的库存现金日记账、银行存款日记账，原材料、库存商品、其他应收款、应收账款、应付账款、制造费用、生产成本和管理费用等所属明细分类账（结果填入所附账页）。

（4）根据实训资料3所给的有关原始凭证和记账凭证，按照记账凭证会计工作流程，登记宏源公司2019年7月份所涉及的总分类账（结果填入所附账页）。

（5）根据实训资料4所给的原始凭证，查找记账凭证和账簿的错误记录，并运用所学的错账更正方法更正。

7-2 扫码看答案

7-3 扫码看答案

7-4 扫码看答案

7-5 扫码看答案

项目八　组织财产清查

实训8-1　制订财产清查方案

实训目的

通过实训，使学生能够正确认识财产清查的重要意义，明确清查的种类，熟悉各种财产的清查方法，熟练掌握银行存款余额调节表的编制方法，能够正确制定财产清查方案。

实训资料

1.利新公司是一家生产办公设备的企业，在2019年开展了如下财产清查业务：

①出纳员每天对所管理的现金进行清查，核对账实是否相符。

②材料保管员调离岗位时进行了所管材料的清查。

③因库存商品被盗，对库存商品的损失情况进行了清查。

④年终，对全部财产物资进行了清查。

2.2019年7月31日，永胜公司的银行存款日记账和银行对账单情况见单据簿第<u>135</u>页的银行存款日记账（单据8-1）、银行对账单（单据8-2）。

3.昌盛公司是一家专门购销玉米的企业，公司收购的玉米都要按等级分放在不同的存放场所。年终结算前，准备对已收购的各等级玉米和所有固定资产进行清查。

实训要求

（1）指出实训资料1中的财产清查属于哪类清查，进行该类清查的意义是什么？并进行必要的说明。

（2）根据实训资料2编制银行存款余额调节表，只需将相关数字填入单据簿第<u>137</u>页银行存款余额调节表（单据8-3）中即可。

（3）根据实训资料3拟订清查方案。

8-1　扫码看答案

8-2　扫码看答案

8-3　扫码看答案

实训8-2　库存现金清查

实训目的

通过实训，使学生能够正确认识库存现金清查的重要性，明确库存现金短缺和溢余的可能原因。

实训资料

日新公司在2019年8月2日的库存现金清查中，发现现金多了120元。而在第二天的库存现金清查中，又发现现金少了200元。

实训要求

指出实训资料中库存现金短缺和溢余的可能原因。

8-4

扫码看答案

实训8-3　存货清查

实训目的

通过实训，使学生巩固前面所学知识，进一步熟悉存货清查的方法和适用范围。

实训资料

盈利公司是一家大型粮食购销企业，经过一段时间的购销活动后，公司想知道详细的粮食结存数量和质量情况。

实训要求

指出该公司应采取什么方法才能达到目的，并作简要说明。

8-5

扫码看答案

实训8-4　永续盘存制和实地盘存制

实训目的

通过实训，使学生巩固前面所学知识，进一步熟悉永续盘存制和实地盘存制。

实训资料

环球公司2019年7月份甲材料期初结存及收发情况如下：

1.环球公司2019年7月初结存甲材料2 000千克，单价为20元。

2.7月份甲材料的收发业务如下：

(1) 1日，采购并入库400千克，单价为20元。
(2) 8日，生产领用600千克，单位成本为20元。
(3) 15日，生产领用500千克，单位成本为20元。
(4) 22日，采购并入库200千克，单价为25元。
(5) 29日，生产领用400千克，单位成本为20.67元。
假设月末实地盘点甲材料为1 400千克。

实训要求

按永续盘存制和实地盘存制分别登记甲材料明细账。即将甲材料的收、发、存情况登记到单据簿第 137 页的原材料明细账（永续盘存制）（单据8-4）、原材料明细账（实地盘存制）（单据8-5）中。

8-6
扫码看答案

实训8-5 财产清查结果的账务处理

实训目的

通过实训，使学生巩固所学财产清查理论知识，进一步熟悉财产清查结果的账务处理方法。

实训资料

2019年7月份，祥瑞公司开展了存货财产清查，结果如下：
(1) B材料溢余5千克，价值200元，是收发计量误差所致。
(2) A材料短缺100千克，经查是保管员洪云的责任，经批准由洪云赔偿。
(3) A材料短缺2千克，经查属于定额内损耗，经批准转销处理。
(4) D材料毁损500千克，经查是自然灾害所致，经批准作为非常损失处理。
(5) B材料毁损200千克，价值8 000元，经查是自然灾害所致，应由保险公司赔偿3 000元，其余经批准作相应处理。
(6) D材料溢余2千克，价值120元，原因不明，经批准作为当期损益。
(7) 现金长款900元，经查为少付给宏大公司的款项，经批准应还给宏大公司。
(8) 盘亏一台电脑，原值4 000元，已提折旧1 000元，经查属于被人偷盗，应由保险公司赔偿500元，经批准净损失由公司承担。
A材料单位成本50元，D材料单位成本60元。

实训要求

根据实训资料，编制财产清查审批前后的会计分录。

8-7
扫码看答案

项目九　编制与报送会计报表

实训目的

通过本项目实训，使学生进一步巩固会计报表相关知识，掌握资产负债表和利润表的编制方法。

实训资料

1.2019年7月末，华东公司各总分类账户余额和有关明细分类账户余额见表9-1。

表9-1

账户余额表

2019年7月31日

单位：元

总账账户	明细账户	借方余额	总账账户	明细账户	贷方余额
库存现金		19 400	坏账准备		22 600
银行存款		794 000	累计折旧		50 000
应收账款		226 000	应付账款	凯华公司	50 000
应收票据	新民公司	310 000	应付票据	华唯公司	32 000
其他应收款	保险公司	19 000	应付职工薪酬		45 000
原材料		125 000	应交税费		43 000
生产成本		86 500	长期借款		800 000
库存商品		513 400	实收资本		2 000 000
固定资产		1 400 000	盈余公积		47 900
无形资产		200 000	利润分配	未分配利润	602 800
合　计		3 693 300	合　计		3 693 300

2. 星星公司2019年1—12月有关损益类账户净发生额见表9-2。（财务费用中含利息收入8 750元）

表9-2

2019年度有关损益类账户净发生额

单位：元

账户名称	本年1-12月累计净发生额
主营业务收入	2 000 000
主营业务成本	1 050 000
税金及附加	20 000
其他业务收入	65 000
其他业务成本	45 000
销售费用	150 000
管理费用	260 000
财务费用	15 000
投资收益	500 000
营业外收入	120 000
营业外支出	90 000
所得税费用	120 000

3.2019年上年年末总资产比期末总资产少100 000元，期末流动资产是期末流动负债的3倍，期末的资产负债表见表9-3。

表9-3

资产负债表

2019年12月31日

单位：元

资产	期末余额	上年年末余额	负债和所有者权益	期末余额	上年年末余额
货币资金	52 500	47 200	短期借款	20 000	50 000
应收账款	26 500	83 500	应付账款	22 500	65 500
其他应收款	1 000	1 500	应交税费	9 500	6 500
存货	266 000	233 800	流动负债合计	52 000	?
流动资产合计	346 000	366 000	长期借款	180 000	200 000
固定资产	204 000	?	实收资本	300 000	300 000
			盈余公积	18 000	?
			所有者权益合计	318 000	?
资产总计	550 000	?	负债和所有者权益总计	550 000	?

4.跃进公司2019年7月份损益类账户发生额见表9-4。

表9-4

2019年7月份损益类账户发生额

单位：元

账户名称	本期发生额		账户名称	本期发生额	
	借方	贷方		借方	贷方
主营业务收入	20 000	900 000	主营业务成本	250 000	10 000
其他业务收入		110 000	销售费用	60 000	
营业外收入		20 000	税金及附加	40 000	
投资收益	140 000	100 000	其他业务成本	50 000	
营业外支出	10 000		财务费用	25 000	5 000
管理费用	40 000	4 000	所得税费用	26 000	

实训要求

（1）根据实训资料1，编制华东公司2019年7月份资产负债表（年初数据，略）。

（2）根据实训资料2，编制星星公司2019年度利润表（上期金额，略）。

（3）根据实训资料3，填写所给资产负债表中“?”的金额。

9-1 扫码看答案

9-2 扫码看答案

9-3 扫码看答案

（4）根据实训资料4，计算本月利润表中的下列项目：

营业收入=

营业成本=

管理费用=

营业利润=

利润总额=

净利润=

9-4

扫码看答案

第二部分

综合实训

项目十　会计核算综合技能实训

说明：

（1）本训练资料为某有限责任公司2019年12月份部分主要经济业务，是将企业重复发生的业务和难度较大的业务进行了删减后所形成的典型资料，但出于商业信息保密的要求，公司名称、法人代表等内容都进行了“化名”处理，如有雷同，纯属巧合。

（2）鉴于学生刚刚接触会计课程，了解会计专业方面的知识较少，加之尚未学习或掌握税法知识，所以，本实训主要以熟悉会计工作流程和岗位基本工作为主。因此，除了第一部分的单项训练中项目六资料3中的第11题、资料4中的第5题和项目七资料3的第6号凭证业务（均为报销差旅费业务）的火车票考虑了增值税外，其他报销差旅费时涉及的车费、会务费、住宿费以及过桥费等均未考虑增值税。

（3）实训项目的实施，可以分组后通过角色扮演法来进行，即组内成员分别扮演不同的角色，共同完成本训练项目的全部任务，也可以由一个人完成所有的任务训练项目。

一、实训目的

通过实训，使学生进一步明确会计人员懂得法规的必要性和重要意义，切身体会合作在会计工作中的重要性，全面了解中型制造企业的业务，熟悉会计工作流程，熟练掌握会计凭证的填制与审核、账簿的登记、成本计算、财产清查的会计处理和财务报表的编制等会计方法，提高学生对会计工作重要性的认识，增强责任感和使命感，提高分析问题、解决问题的能力。

二、背景资料

（一）公司概况

1.公司基本情况

庆华有限责任公司（以下简称庆华公司）为一般纳税人，主要生产甲、乙两种产品，增值税税率为13%，公司采取集中核算的会计核算组织形式。公司营业执照及开户许可证见图10-1、图10-2。

营业执照

统一社会信用代码 23080010004228812N

名　　称	庆华有限责任公司
类　　型	法人商事主体【有限责任公司（自然人投资或控股）】
住　　所	佳木斯市郊区机场路66号
法定代表人	宋佳
注册资本	壹仟万元整
成立日期	2016年06月01日
营业期限	2016年06月01日至2036年06月01日
经营范围	商事主体的经营范围、经营场所、投资人信息、年报信息和监管信息等请至佳木斯商事主体登记及信用信息公示平台查询。经营范围中涉及许可审批经营项目的，应在取得有关部门的许可后方可经营。

登记机关　2016年　06月　01日

企业信用信息公示系统网址：　　中华人民共和国国家工商行政管理总局监制

图 10-1　营业执照

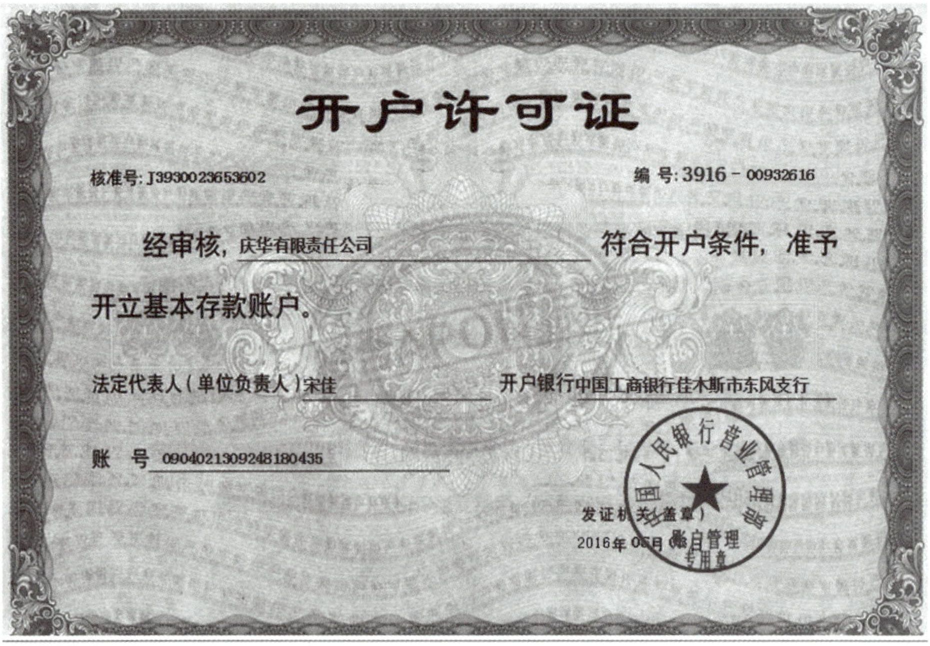

开户许可证

核准号：J3930023653602　　编　号：3916－00932616

经审核，庆华有限责任公司　符合开户条件，准予开立基本存款账户。

法定代表人（单位负责人）宋佳　　开户银行 中国工商银行佳木斯市东风支行

账　号 0904021309248180435

发证机关（盖章）

2016年 06月

图 10-2　开户许可证

2. 企业组织架构

庆华公司企业组织架构见图10-3。

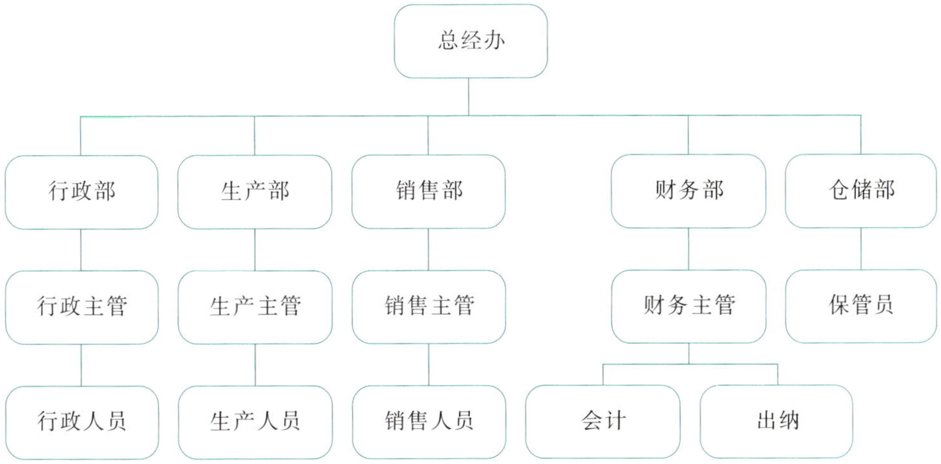

图10-3　企业组织架构

3. 岗位设置及分工

庆华公司与财务工作紧密相关的主要人员见表10-1。

表10-1　与财务工作紧密相关的主要人员

序号	部门	职务	姓名
1	总经办	总经理	宋佳
2	财务部	财务主管	王力
3	财务部	会计	受训学生
4	财务部	出纳	肖芳
5	仓储部	保管员	沈健

4. 公司会计制度

（1）庆华公司采用账户汇总表账务处理程序，每月登记一次总账。

（2）庆华公司采用通用记账凭证格式，凭证按月连续编号。

（3）庆华公司总账和日记账采用三栏式，明细账根据业务和管理需要分别采用三栏式、数量金额式和多栏式。

（4）庆华公司采用品种法进行产品成本计算。

（5）固定资产按年限平均法计提折旧。

（6）存货计价均按期初资料中所给的单位成本进行。

（7）期末按生产人员工资比例分配制造费用。

（8）税费的计算标准与缴纳：所得税税率为25%，增值税税率为13%。本案例中，城市维护建设税和教育费附加，分别按应交增值税的7%和3%计算，按月缴纳。

（9）短期借款月末计息，按季付息。

（10）利润分配情况：年末按当年税后利润的10%提取法定盈余公积。本年度无其他项目分配。

（二）有关账户信息资料

1.2019年11月末相关总分类账户余额，见表10-2。

表10-2　　各总分类账户余额表　　单位：元

账　户	借或贷	金　额	账　户	借或贷	金　额
库存现金	借	35 000	累计折旧	贷	1 250 000
银行存款	借	8 743 500	短期借款	贷	500 000
应收账款	借	81 900	应付账款	贷	150 000
原材料	借	530 000	预收账款	贷	10 000
库存商品	借	1 700 000	应付职工薪酬	贷	200 000
固定资产	借	7 840 000	应交税费	贷	62 685
在建工程	借	147 600	实收资本	贷	4 000 000
无形资产	借	352 000	盈余公积	贷	305 000
			本年利润	贷	4 227 668
			利润分配	贷	8 724 647
合　计		19 430 000	合　计		19 430 000

2. 2019年11月末有关明细分类账户余额，见表10-3、表10-4。

表10-3　　存货明细账户余额表

存货名称	单位	数量	单价（元）	金额（元）
甲产品	件	8 000	100	800 000
乙产品	件	6 000	150	900 000
A材料	千克	9 000	20	180 000
B材料	千克	7 000	50	350 000

表10-4　　权益类明细账户余额表

总账账户	明细账户	借或贷	金额（元）
应收账款	利拓有限责任公司	借	46 800
	丰润有限责任公司	借	35 100
预收账款	环宇有限责任公司	贷	10 000
应付账款	洪丰有限责任公司	贷	58 500
	优势有限责任公司	贷	23 400
	松柏有限责任公司	贷	58 500
	暂估应付款（浩源公司）	贷	9 600
应交税费	未交增值税	贷	32 685
	应交所得税	贷	20 000
	应交城市维护建设税	贷	7 000
	应交教育费附加	贷	3 000
短期借款	工行贷款（年利率1.8%）	贷	500 000
实收资本	丰盈公司	贷	4 000 000
利润分配	未分配利润	贷	8 724 647

注：工行贷款到期日为2020年4月30日。

3. 2019年1—11月损益类账户累计发生额，见表10-5（均已按月结转）。

表10-5　　损益类账户累计发生额一览表　　单位：元

账户名称	借方发生额	账户名称	贷方发生额
主营业务成本	8 216 000	主营业务收入	15 150 000
税金及附加	71 300	其他业务收入	1 015 000
其他业务成本	824 680	投资收益	700 000
管理费用	1 206 530	营业外收入	123 000
销售费用	935 000		
财务费用	15 000		
营业外支出	82 600		
所得税费用	1 409 222		
合　计	12 760 332	合　计	16 988 000

三、实训要求

根据相关实训资料完成下列任务：

1. 进行期初建账。
2. 填制并审核原始凭证。
3. 填制记账凭证并审核。
4. 登记库存现金日记账、银行存款日记账和所涉及的明细账。
5. 编制账户汇总表并登记总账。
6. 年终决算。主要任务是对账、结账，编制试算平衡表、资产负债表和利润表。
7. 装订会计凭证、会计账簿和会计报表。
8. 实训结束后，每人提交一份实习报告。

四、考核办法

1. 平时表现。此项考核是对学生实训表现进行考核，如出勤情况、训练态度、节约意识、协作意识、独立完成程度等。

2. 任务完成的数量。主要是考核完成任务的数量。

3. 任务完成的质量。主要从规范程度和正确率两方面进行考核。规范程度主要考核数字书写、错账更正方法和会计资料装订的规范程度。正确率考核主要考核会计凭证填写、账簿（页）登记、会计报表的编制是否正确。

至于平时表现、任务完成的数量和质量各占多大比例，可根据各学校学生的情况自行设定。

五、实训时间

综合实训时间一般不少于30学时，教师可根据学生的学习情况适当调整训练时间。30学时的安排情况见表10-6。

表 10-6　综合实训时间表

序号	实训项目	实训内容	学时
1	建账	开启所需账簿、填写账户目录、登记账户期初余额	2
2	填审原始凭证	填制并审核自制原始凭证、审核外来原始凭证	5
3	填审记账凭证	填制并审核记账凭证（采用通用记账凭证）	7
4	登记账簿	登记库存现金日记账、银行存款日记账、明细账和总账（包括编制账户汇总表）	8
5	年终决算	对账、结账，编制试算平衡表、资产负债表和利润表	6
6	会计档案装订	装订会计凭证、会计账簿与会计报表	2
合　计			30

六、实训准备

（一）理论知识

完成本训练内容，不仅需要掌握主教材中相关的知识和方法，如所涉及账户的核算内容、建账方法、凭证的填制、账簿的登记、对账、结账、报表的编制和会计档案的装订等内容，还要重点了解会计基础工作规范的相关要求，如数字书写、凭证填制、账簿登记要求等，以便规范、准确、高效地完成训练任务。

（二）物资准备

物资准备包括训练所需资料和所需的用品用具等，见表 10-7。

表 10-7　训练物资一览表

序号	物资名称	单位	人均用量	备注
1	实训资料	套	1	包括经济业务的文字表述和对应的原始凭证
2	记账凭证（通用格式）	张	110	使用专用记账凭证的，老师要准备充足
3	会计账簿			
	总分类账	张	50	可用活页最后装订成册
	日记账	本	2	可用活页先装订成册
	三栏式明细账	张	25	可适当多发
	数量金额式明细账	张	4	可适当多发
	多栏式明细账	张	5	可适当多发
4	会计报表			
	试算平衡表	张	1	可适当多发
	资产负债表	张	1	可适当多发
	利润表	张	1	可适当多发
5	封皮	套	1	包括凭证封皮、账簿封皮和报表封皮
6	卷带	根	3	
7	其他材料	胶水、曲别针、大头针、装订机或锥子等根据具体人数提供，账簿用订本式的可适当发些口取纸		

七、实训指导

综合训练涉及的重要知识点提示如下：

（一）建账

建账时，首先按照期初余额表中所列总账账户和明细账户的名称，建立总账和明细账，同时建立库存现金日记账和银行存款日记账。其次对没有期初余额但有发生额的账户进行建账。

使用订本账的，要启用账簿，第一是在账簿封面上写明单位名称和账簿名称。第二是填写账簿启用及交接表。第三是编制账户目录。第四是填写各账户的名称，预留账页。第五是登记各账户期初余额和编制试算平衡表。

使用活页账的，开立账户后即可登记相关账户的期初余额，各账户期初余额登记完毕，要进行试算平衡，确保无误后即可进行后续业务处理。

1. 建立日记账。日记账是按照经济业务发生或完成时间的先后顺序逐日逐笔进行登记的账簿。本训练应建立库存现金日记账和银行存款日记账，日记账应采用订本账，其账页格式采用三栏式。

2. 建立明细账。明细账的账页格式有三栏式、数量金额式和多栏式3种类型。

（1）三栏式明细账。那些只需进行金额核算的账户采用三栏式明细账。其主要适用于债权债务账户和资本类账户的记录。其账页格式主要由“借方”、“贷方”和“余额”三栏构成，本训练需开设的三栏式账户有“应收账款——利拓”、“应收账款——丰润”、“预收账款——环宇”、“应付账款——洪丰”、“应付账款——优势”等。

（2）数量金额式明细账。既需进行金额核算，又需数量核算的账户，采用数量金额式明细账。这种账页格式主要适用于财产物资账户的记录。其账页格式主要由“借方”、“贷方”和“余额”3个栏目构成，但每栏又分别设置“数量”、“单价”和“金额”3个小栏目。本训练需开设的数量金额式账户有：“库存商品——甲产品”、“库存商品——乙产品”、“原材料——A材料”、“原材料——B材料”等。

（3）多栏式明细账。多栏式明细账是能够详细反映某一账户发生额情况的账户，主要适用于费用、成本、收入等类账簿的记录。其账页格式是在借方、贷方分别设置多个栏目或在其中的某一方（借方或贷方）设置多个栏目，每个栏目都反映借方金额或贷方金额的构成情况，起详细说明的作用。例如，“管理费用”账户的借方设置“人工费”“办公费”“差旅费”“招待费”“折旧费”等。本训练需要开设的多栏式明细账有“制造费用明细账”“管理费用明细账”“销售费用明细账”等。

3. 建立总账。总账是反映相应账户总体情况的账簿，其账页格式为三栏式。本训练需要开设的总账账户有：“库存现金”“银行存款”“应收票据”“应收账款”“其他应收款”“固定资产”“累计折旧”“原材料”“库存商品”“短期借款”“应付账款”“应付职工薪酬”“实收资本”等。

（二）处理经济业务

经济业务处理主要包括填制审核原始凭证、填制记账凭证和登记账簿等工作。受条件的限制，原始凭证审核主要检查业务内容和数字的正确性。

1. 原始凭证的填制

（1）支票的填制。目前，各单位最常使用的支票有两种，一种是现金支票，一种是转账支票。印有“现金”字样的支票为现金支票，印有“转账”字样的支票为转账支票。现金支票只能用于支取现金，转账支票只能用于转账业务的办理。

支票分为正联和存根联两部分，两联以骑缝线分开。出纳员签发支票后，将两联从骑缝线剪开，正联交于收款人办理转账事项或提取现金，存根联作为记账依据留存。签发支票时必须填写以下项目：

①签发日期。签发日期要填写实际出票日期，正联上的日期必须使用中文大写，同时注意，月为壹、贰和壹拾，日为壹至玖和壹拾、贰拾和叁拾的，应在其前面加“零”；日为拾壹至拾玖的，应在其前面加“壹”。存根部分，日期可用阿拉伯数字书写。

②收款单位名称。收款单位名称要填写全称，并与预留银行印鉴中的单位名称一致。

③金额。无论是大写金额，还是小写金额，都要紧接币种符号书写，不要留空白，以防加填数字。同时，要注意大小写金额的一致性。

④用途。支票中的用途一定要如实填写，且做到正联与存根联一致。

⑤签章。要在签章处按预留银行印鉴分别签章，单位章和法人章都不可缺少。

（2）发票的填制。关于金额，普通发票中“金额”栏填写含税销售额，增值税专用发票中“金额”栏填写的是不含税销售额。关于印章，普通发票可加盖财务专用章或发票专用章，增值税专用发票加盖发票专用章。其他项目按项目内容填写。

（3）银行收费凭证的填制

由于现金使用范围的有限性，单位很多业务都不允许使用现金，都要通过银行转账办理。在银行受理各项支付结算时，要根据承担责任、业务成本以及应付相关部门费用的多少，收取不同项目的费用，如邮费、手续费、工本费等。单位在支付各项银行收费时，应填制一式三联的“银行收费凭证”，并在第三联加盖预留银行印鉴。支付某项费用后，银行加盖转讫章，将回单联退给单位作为记账依据。填制时以下项目必须填写：收费日期、缴费单位的名称、开户银行、银行账号、收费种类、凭证或结算种类、数量、单价和大小写金额等。

（4）进账单的填制

各单位在收到转账支票、银行汇票、银行本票等票据，需要到银行办理转账收款时，要填写一式三联的进账单，并交与收款人开户银行，收款人开户银行盖章后，将收账通知联交给收款人作为记账依据。需要注意的是：收款人名称和付款人名称应与其在银行开户的名称相同，大小写金额要一致。

2.记账凭证的填制

填制记账凭证要以原始凭证为依据，而且记账凭证要以审核无误的原始凭证为依据进行填制。记账凭证填制的重点是账户名称和方向两个项目。在根据某一业务或事项的原始凭证填制记账凭证时，应按以下思路进行：首先，分析该业务或事项涉及哪些会计要素内容；其次，确定这些内容要素在核算时所使用的会计账户，并且，要明确这些会计账户是属于哪一类要素，是资产、负债、所有者权益，还是收入、费用、成本，是增加还是减少；最后，按照资产、费用、成本类增加记借方，负债、所有者权益、收入类增加记贷方的基本规律，确定账户的方向。例如，用银行存款100万元购买一台设备。分析思路是：这笔经济业务涉及两项资产的变化，一项是存款，另一项是固定资产，核算存款增减变化的账户是“银行存款”，核算固定资产增减变化的账户是“固定资产”，这两个账户都是资产类账户，增加记借方，减少记贷方，所以，该业务应该在“固定资产”账户借方记入100万元，在“银行存款”账户贷方记入100万元。

3.账簿登记

账簿登记的基本依据是审核无误的记账凭证，但实际工作中，不同账簿的登记依据却不完全一样。日记账、三栏式明细账和多栏式明细账可根据记账凭证进行登记，数量金额式明细账则要根据记账凭证和原始凭证进行登记；总账的登记依据取决于所选择的会计工作流程，如果采用记账凭证会计工作流程，则总账登记的依据是每一张记账凭证，如果采用账户汇总表会计工作流程，总账登记的依据则是账户汇总表。本训练是一个月汇总一次，所以，编制账户汇总表的方法是将每一个账户的本月借、贷方发生额分别汇总后填入账户汇总表中的借方和贷方栏。

（三）年终决算

在本训练中，年终决算需要完成的任务是：对账，结账，试算平衡表、资产负债表和利润表的编制。

1.对账

对账的主要目的是检查账簿记录中是否存在问题。由于条件限制，本训练只能进行账证核对和账账核对两项内容，即只进行账簿记录与会计凭证之间的核对、总分类账与总分类账的核对、总分类账与所属明细分类账的核对、总分类账与日记账的核对、明细分类账之间的核对。

2.结账

结账是定期将账簿记录结算清楚的一项工作。或者说，结账就是结束当前账目，以建下期新账。总账、明细账、日记账都要进行结账。

结账工作要在本期内发生的经济业务全部入账后进行。如果有漏账或错账，应在已经补记、更正完毕之后再进行结账。结账要将损益类账户转入“本年利润”账户，结平所有损益类账户，还要结算出资产、负债和所有者权益类账户的本期发生额和期末余额，并结转下期。结账的具体方法见教材中结账内容。

3.试算平衡表的编制

试算平衡是指利用“资产=负债+所有者权益”的平衡原理，根据“有借有贷，借贷相等”的记账规律，通过汇总、计算和比较，来检查会计账务处理和账簿记录正确性、完整性的一种方法。试算平衡可采用发生额试算平衡法和余额试算平衡法两种方法来进行。

发生额试算平衡法就是检查本期所有账户借方发生额合计与贷方发生额合计是否相等的方法。余额试算平衡法就是检查本期所有账户借方余额合计与贷方余额合计是否相等的方法。

4.资产负债表和利润表的编制

编制资产负债表要根据总账和明细账的期末余额，以及备查账簿的记录来进行，在没有特殊事项的情况下，根据总账和明细账的期末余额就可以完成资产负债表的编制工作。

编制利润表要根据损益类账户的本期发生额来进行，本训练要求编制12月份的利润表，因此，在编制利润表时，只需考虑12月份各损益类账户的本期发生额，其他省略。

（四）会计档案装订

本训练中，会计档案装订包括记账凭证、账簿、资产负债表与利润表的装订。具体装订方法见教材相应内容，要做到厚度适当，平整美观。

本训练业务量不算太多，账页装订时，可将总分类账合订为一册，各种明细分类账合订为一册。分别加装封面，写明账簿名称、年度和月份。对所编制的两张会计报表，要单独装订且加装封面，并在封面上写明单位名称、年度和月份，加盖单位公章。

八、经济业务说明及其原始凭证

庆华公司2019年12月份发生的具体经济业务及其原始凭证如下：

1.12月1日，销售员张超预借差旅费1 000元。原始凭证见单据簿第 139 页借款单（单据10-1）。

2.12月1日，接受丰盈公司投入的货币资金500 000元，协商价500 000元，存入银行。原始凭证见单据簿第 139 页收款收据（单据10-2）、中国工商银行进账单（收账通知）（单据10-3）。

3.12月1日，以转账支票缴纳上月的税金及教育费附加共62 685元。（应交增值税32 685元，应交所得税20 000元，应交城市维护建设税7 000元，应交教育费附加3 000元）。原始凭证见单据簿第 141～143 页中国工商银行电子缴税付款凭证（单据10-4、单据10-5、单据10-6）。

10-1 业务1会计凭证　　10-2 业务2会计凭证　　10-3 业务3会计凭证

4.12月1日，向工商银行借入9个月期限的贷款100 000元，以解决流动资金不足的问题。贷款年利率为3.6%。原始凭证见单据簿第 143~145 页中国工商银行借款凭证（单据10-7）、中国工商银行业务回单（收款）（单据10-8）。

5.12月1日，开出转账支票一张，支付佳木斯市郊区建设与环境卫生管理局垃圾处理费6 000元。原始凭证见单据簿第 145 页政府非税收入专用票据（单据10-9）、中国工商银行转账支票存根（单据10-10）。

6.12月1日，红字冲销上月暂估A材料款9 600元，480千克。原始凭证见单据簿第 147 页收料单（单据10-11）。

10-4 业务4会计凭证　　10-5 业务5会计凭证　　10-6 业务6会计凭证

7.12月2日，从优艺服装公司购买生产工人工作服20套，单价120元，增值税312元，服装和增值税专用发票已收到，款未付。原始凭证见单据簿第 147 页增值税专用发票（单据10-12）。

8.12月3日，收到利拓有限责任公司归还前欠货款46 800元。原始凭证见单据簿第 147 页中国工商银行进账单（收账通知）（单据10-13）。

9.12月4日，销售给秋实公司甲产品2 000件，单价150元，乙产品1 000件，单价200

元，增值税专用发票上注明甲产品价款300 000元，增值税39 000元，乙产品价款200 000元，增值税26 000元，两种商品价税款合计565 000元，已办妥委托收款手续，货款尚未收到。原始凭证见单据簿第149页增值税专用发票（单据10-14）、出库单（单据10-15）、托收凭证（受理回单）（单据10-16）。

10-7 业务7会计凭证　10-8 业务8会计凭证　10-9 业务9会计凭证

10.12月5日，到开户行购买两本支票共计70元，银行扣款70元。原始凭证见单据簿第151页中国工商银行业务回单（付款）（单据10-17）。

11.12月5日，总经理宋佳要参加在北京举办的行业高峰会，预借差旅费3 000元，现金支付。原始凭证见单据簿第151页借款单（单据10-18）。

12.12月6日，开出2 120元转账支票给新意广告公司，让其设计并制作本企业产品宣传单，尚未收到发票和宣传单。原始凭证见单据簿第151页转账支票存根（单据10-19）。

10-10 业务10会计凭证　10-11 业务11会计凭证　10-12 业务12会计凭证

13.12月6日，开出转账支票65 400元给广浩建筑工程公司，让其粉刷办公楼室内墙壁，收到增值税专用发票。原始凭证见单据簿第153页转账支票存根（单据10-20）、增值税专用发票（单据10-21）。

14.12月7日，接收丰盈公司作为投资投入的生产设备，收到增值税专用发票注明设备价款600 000元，增值税78 000元，协商价678 000元，设备已投入使用。原始凭证见单据簿第155页增值税专用发票（单据10-22）、固定资产验收单（单据10-23）。

15.12月7日，开出一张面值为23 400元的转账支票，交付优势有限责任公司，用以偿还前欠货款。原始凭证见单据簿第155页中国工商银行转账支票存根（单据10-24）。

10-13 业务13会计凭证　10-14 业务14会计凭证　10-15 业务15会计凭证

16.12月8日，从佳木斯市前进建材厂购买A、B两种材料，其中，A材料500千克，单价20元，计10 000元，增值税1 300元；B材料400千克，单价50元，计20 000元，增值税2 600元。材料已验收入库，款项以银行存款支付。原始凭证见单据簿第157页增值税专用发票（单据10-25）、收料单（单据10-26）、中国工商银行转账支票存根（单据10-27）。

17.12月9日，新意广告公司交来产品宣传单和增值税专用发票，价款2 000元，增值税120元。原始凭证见单据簿第159页增值税专用发票（单据10-28）。

18.12月10日，电汇给优艺服装公司服装款2 712元。原始凭证见单据簿第 159 页电汇凭证（单据10−29）。

10−16 业务16会计凭证 | 10−17 业务17会计凭证 | 10−18 业务18会计凭证

19.12月10日，销售部张超开会归来，报销差旅费1 370元，出差前借款1 000元，以现金补付张超370元。原始凭证见单据簿第 161 页差旅费报销单（单据10−30）。

20.12月10日，办公室被盗，丢失5台笔记本电脑，原值20 000元，已提折旧5 000元，已报领导，尚未批示。原始凭证见单据簿第 161 页固定资产盘点表（单据10−31）。

21.12月10日，购买办公椅10把，共计1 000元，税款30元，入库待用，收到文华办公用品公司开来的普通发票，款项以现金支付。原始凭证见单据簿第 163~165 页收款收据（单据10−32）、增值税普通发票（单据10−33）、收料单（单据10−34）。

10−19 业务19会计凭证 | 10−20 业务20会计凭证 | 10−21 业务21会计凭证

22.12月11日，从新时尚有限责任公司购入单价20元的A材料500千克，单价50元的B材料1 000千克，增值税专用发票上注明价款60 000元，增值税7 800元。材料已全部验收入库，全部款项已通过银行信汇支付。原始凭证见单据簿第 165 ~ 167 页增值税专用发票（单据10−35）、收料单（单据10−36）、中国工商银行信汇凭证（回单）（单据10−37）。

23.12月11日，上月未收到浩源公司发票，未办理入库的480千克A材料，现收到增值税专用发票，注明价款9 600元，增值税1 248元，款未付。办理入库手续。原始凭证见单据簿第 167 ~ 169 页增值税专用发票（单据10−38）、收料单（单据10−39）。

24.12月12日，预收广东永鑫公司购货款5 000元，存入银行。原始凭证见单据簿第 169 页中国工商银行业务回单（收款）（单据10−40）。

10−22 业务22会计凭证 | 10−23 业务23会计凭证 | 10−24 业务24会计凭证

25.12月12日，开出转账支票9 000元给佳木斯市电业局交电费，收到增值税专用发票注明金额7 964.60元，增值税1 035.40元。原始凭证见单据簿第 169 ~ 171 页中增值税专用发票（单据10−41）、中国工商银行转账支票存根（单据10−42）。

26.12月13日，总经理宋佳出差回来，报销差旅费2 880元，余款交回财务。原始凭证见单据簿第 171 页差旅费报销单（单据10−43）、收款收据（单据10−44）。

27.12月13日，开出转账支票10 848元，偿还浩源公司货款。原始凭证见单据簿第 173

页中国工商银行转账支票存根（单据10-45）。

10-25 10-26 10-27

业务25会计凭证 业务26会计凭证 业务27会计凭证

28.12月14日，从顺德机械制造厂购入不需要安装的加工设备，价款200 000元，增值税26 000元，款项以银行电汇方式支付。设备已投入使用。原始凭证见单据簿第173~175页增值税专用发票（单据10-46）、电汇凭证（单据10-47）、固定资产验收单（单据10-48）。

29.12月14日，领导批示，丢失的电脑应由当晚值班人员李伟赔偿500元，其余损失由公司承担。原始凭证见单据簿第175页的关于盘亏财产的处理意见（单据10-49）。

30.12月15日，销售给广东永鑫公司甲产品200件，单价150元，增值税3 900元，开出增值税专用发票，收到汇款存入银行。原始凭证见单据簿第175～177页增值税专用发票（单据10-50）、出库单（单据10-51）、中国工商银行进账单（单据10-52）。

10-28 10-29 10-30

业务28会计凭证 业务29会计凭证 业务30会计凭证

31.12月16日，生产车间为生产甲产品领用A材料5 000千克，B材料2 000千克；A、B材料单位成本分别为20元和50元。原始凭证见单据簿第177页领料单（单据10-53）。

32.12月16日，发放职工工资150 000元（通过银行转入职工个人储蓄账户）。原始凭证见单据簿第179页中国工商银行转账支票存根（单据10-54）、2019年12月工资发放表（单据10-55）、企业人员工资代发凭证（单据10-56）。

33.12月16日，从佳木斯市前进建材厂购买单价20元的A材料500千克，增值税专用发票注明材料款10 000元，增值税1 300元，开出一张面值11 300元的转账支票支付了价税款，材料尚未入库。原始凭证见单据簿第179~181页增值税专用发票（单据10-57）、中国工商银行转账支票存根（单据10-58）。

10-31 10-32 10-33

业务31会计凭证 业务32会计凭证 业务33会计凭证

34.12月17日，开出面值为58 500元的转账支票，交付洪丰有限责任公司，用以偿还前欠货款。原始凭证见单据簿第181页中国工商银行转账支票存根（单据10-59）。

35.12月17日，开出面值为5 000元的转账支票，预付优势有限责任公司购买A材料的货款。原始凭证见单据簿第181页中国工商银行转账支票存根（单据10-60）、收款收据（单据10-61）。

36.12月18日，16日从佳木斯市前进建材厂购入单价20元、500千克的A材料已验收入库。原始凭证见单据簿第181页收料单（单据10-62）。

10-34 10-35 10-36

业务34会计凭证 业务35会计凭证 业务36会计凭证

37.12月18日，印制高管的名片，用现金支付给新意广告公司印制费用106元，收到增值税专用发票。原始凭证见单据簿第183页增值税专用发票（单据10-63）。

38.12月19日，开出面值为31 800元的转账支票，向中国财产保险股份有限公司佳西分公司预付下年度财产保险费，收到增值税专用发票注明金额30 000元，增值税1 800元。原始凭证见单据簿第183页中国工商银行转账支票存根（单据10-64）、增值税专用发票（单据10-65）。

39. 12月19日，开出转账支票支付总经理专车违章罚款1 000元。原始凭证见单据簿第185页中国工商银行转账支票存根（单据10-66）、政府非税收入专用票据（单据10-67）。

10-37 10-38 10-39

业务37会计凭证 业务38会计凭证 业务39会计凭证

40.12月20日，开出转账支票5 300元支付新创广告有限公司的广告费，收到增值税专用发票注明价款5 000元，增值税300元。原始凭证见单据簿第185~187页中国工商银行转账支票存根（单据10-68）、增值税专用发票（单据10-69）。

41.12月20日，行政部报销总经理用车过桥费200元，用现金支付，收到发票。原始凭证见单据簿第187页过路过桥发票（单据10-70）。

42.12月21日，收到活期存款利息收入7 000元。原始凭证见单据簿第187页中国工商银行业务回单（收款）（单据10-71）。

10-40 10-41 10-42

业务40会计凭证 业务41会计凭证 业务42会计凭证

43.12月22日，从北京鑫华公司购买A材料1 500千克，单价19.8元，买价29 700元，增值税3 861元，货未到，款用电汇支付。原始凭证见单据簿第189页电汇凭证（单据10-72）、增值税专用发票（单据10-73）、中国工商银行业务回单（付款）（单据10-74）。

44.12月23日，将现金5 000元送存银行。原始凭证见单据簿第191页现金存款凭条（单据10-75）。

45.12月23日，生产车间领用办公椅2把，行政科室领用办公椅5把。原始凭证见单据簿第191页领料单（单据10-76、单据10-77）。

10-43 10-44 10-45

业务43会计凭证 业务44会计凭证 业务45会计凭证

46.12月23日，向环宇有限责任公司发出甲产品1 000件，单价150元，乙产品500件，单价200元，开出的增值税专用发票注明价款250 000元，增值税32 500元，价税合计282 500元。原已预收10 000元，不足款项收到一张面额为272 500元的转账支票。原始凭证见单据簿第193页增值税专用发票（单据10-78）、出库单（单据10-79）、中国工商银行进账单（回单）（单据10-80）。

47.12月23日，销售给利拓有限责任公司甲产品1 000件，单价150元，乙产品1 000件，单价200元，增值税专用发票上注明甲产品价款150 000元，增值税19 500元，乙产品价款200 000元，增值税26 000元，两种商品价税款合计395 500元，已办妥委托收款手续，货款尚未收到。原始凭证见单据簿第195页增值税专用发票（单据10-81）、出库单（单据10-82）、托收凭证（受理回单）（单据10-83）。

48.12月23日，生产车间为生产甲产品领用A材料2 000千克，B材料1 000千克；生产车间为生产乙产品领用A材料1 000千克，B材料500千克，A、B材料单位成本分别为20元和50元。原始凭证见单据簿第197页领料单（单据10-84、单据10-85）。

10-46 业务46会计凭证

10-47 业务47会计凭证

10-48 业务48会计凭证

49.12月24日，开出转账支票支付聚财修理厂的办公设备修理费，收到增值税专用发票，价款2 000元，增值税260元。原始凭证见单据簿第197~199页中国工商银行转账支票存根（单据10-86）、增值税专用发票（单据10-87）。

50.12月24日，基本生产车间领用A材料100千克，B材料100千克，A、B材料单位成本分别为20元和50元。原始凭证见单据簿第199页领料单（单据10-88）。

51.12月25日，丰润有限责任公司开来期限为3个月的商业承兑汇票，偿还其所欠本公司的货款35 100元。原始凭证见单据簿第199页商业承兑汇票（单据10-89）。

10-49 业务49会计凭证

10-50 业务50会计凭证

10-51 业务51会计凭证

52.12月25日，开出一张面值为10 000元的现金支票，从银行提取现金备用。原始凭证见单据簿第201页中国工商银行现金支票存根（单据10-90）。

53.12月25日，公司销售部经理王微将赴广州参加产品交易会，预借差旅费5 000元，以现金付讫。原始凭证见单据簿第201页借款单（单据10-91）。

54.12月26日，职工李伟交来赔偿款500元。原始凭证见单据簿第201页收款收据（单据10-92）。

10-52 业务52会计凭证

10-53 业务53会计凭证

10-54 业务54会计凭证

55.12月26日，电汇支付从北京鑫华公司购买A材料的运输费300元，增值税27元。原始凭证见单据簿第 203～205 页增值税专用发票（单据10-93）、电汇凭证（单据10-94）、中国工商银行业务回单（付款）（单据10-95）。

56.12月26日，从北京鑫华公司购入的A材料已到，验收入库。原始凭证见单据簿第 205 页收料单（单据10-96）。

57.12月27日，从佳木斯市前进建材厂购入B材料200公斤，材料已入库，发票未收到，款未付。原始凭证见单据簿第 205 页收料单（单据10-97）。

10-55 业务55会计凭证　10-56 业务56会计凭证　10-57 业务57会计凭证

58.12月27日，开转账支票5 000元支付给丽人劳务中介公司本月保洁人员工资，收到增值税普通发票。原始凭证见单据簿第 207 页增值税普通发票（单据10-98）、转账支票存根（10-99）。

59.12月28日，生产车间为生产乙产品领用A材料2 000千克，B材料1 000千克；A、B材料单位成本分别为20元和50元。原始凭证见单据簿第 207 页领料单（单据10-100）。

60.12月28日，出售给大功德废品收购公司废旧物资一批，含税价620元，其中，价款548.67元，增值税71.33元，收到现金。原始凭证见单据簿第 209 页收款收据（单据10-101）、增值税专用发票（单据10-102）（发票明细清单略）。

10-58 业务58会计凭证　10-59 业务59会计凭证　10-60 业务60会计凭证

61.12月28日，公司总经理宋佳报销差旅费1 910元，现金支付，出差前未借差旅费。原始凭证见单据簿第 209 页差旅费报销单（单据10-103）。

62.12月28日，通过希望工程佳木斯市办事处向农村小学捐款100 000元。原始凭证见单据簿第 211 页公益性单位接受捐赠统一收据（单据10-104）、中国工商银行转账支票存根（单据10-105）。

63.12月29日，开出一张面值为5 000元的现金支票，预付职工王佳来差旅费。原始凭证见单据簿第 211 页中国工商银行现金支票存根（单据10-106）、借款单（单据10-107）。

10-61 业务61会计凭证　10-62 业务62会计凭证　10-63 业务63会计凭证

64.12月30日，财务部购买打印纸206元，以现金支付，收到增值税普通发票。原始凭证见单据簿第 213 页增值税普通发票（单据10-108）。

65.12月30日，行政部报销招待费250元，以现金支付。原始凭证见单据簿第 213 页增值税普通发票（单据10-109）。

66.12月30日，公司销售部经理王微25日去广州参加产品交易会，历时6天，报销差旅费5 000元，其中，差旅补助1 080元（每天补助180元），住宿费2 180元，往返火车票1 040元，会务费700元。原预借差旅费5 000元。原始凭证见单据簿第_215_页差旅费报销单（单据10-110）。

10-64 业务64会计凭证　　10-65 业务65会计凭证　　10-66 业务66会计凭证

67.12月30日，公司得到确切消息，证实了松柏有限责任公司已经破产，原欠货款58 500元无法归还该公司，转入营业外收入。原始凭证见单据簿第_215_页申请（单据10-111）。

68.12月30日，销售给中信竹有限责任公司甲产品200件，单价150元，增值税专用发票上注明价款30 000元，增值税3 900元，乙产品500件，单价200元，增值税专用发票上注明价款100 000元，增值税13 000元，产品已发出，货款尚未收到。原始凭证见单据簿第_215～217_页增值税专用发票（单据10-112）、出库单（单据10-113）。

69.12月31日，收到中信竹有限责任公司开出的面额为146 900元的银行承兑汇票一张，偿还了本月30日购买甲、乙产品的全部款项。原始凭证见单据簿第_217_页中国工商银行进账单（收账通知）（单据10-114）。

10-67 业务67会计凭证　　10-68 业务68会计凭证　　10-69 业务69会计凭证

70.12月31日，用转账支票支付本月办公用电话费9 810元，其中，价款9 000元，增值税810元。原始凭证见单据簿第_217~219_页中国工商银行转账支票存根（单据10-115）、增值税专用发票（单据10-116）。

71.12月31日，用转账支票支付本月水费1 000元，增值税130元，其中基本生产车间耗用500元，行政管理部门耗用500元。原始凭证见单据簿第_219～221_页增值税专用发票（单据10-117）、中国工商银行转账支票存根（单据10-118）、水费分配表（单据10-119）。

72.12月31日，分配本月电费2 000元，基本生产车间照明耗用1 000元，行政管理部门耗用1 000元。原始凭证见单据簿第_221_页电费分配表（单据10-120）。

10-70 业务70会计凭证　　10-71 业务71会计凭证　　10-72 业务72会计凭证

73.12月31日，报销总经理专车加油费，收到中国石化公司佳木斯分公司开来的增值税专用发票，价款5 000元，增值税650元，以现金支付。原始凭证见单据簿第_221_页增值税专用发票（单据10−121）。

74.12月31日，从佳木斯市前进建材厂购入27日入库的B材料发票还未收到，款未付。按10 000元暂估入账。

75.12月31日，材料清查中，发现B材料短缺10千克，价值500元，经查属管理不善所致（不考虑进项税额转出）。商品清查中，发现乙产品溢余5件，重置成本750元，经查属计量不准造成。原始凭证见单据簿第223页财产盘点报告单（单据10−122）、关于盘盈、盘亏财产的处理意见（单据10−123）。

10−73 业务73会计凭证　10−74 业务74会计凭证　10−75 业务75会计凭证

76.12月31日，清查现金，发现长款100元，原因不明，领导已批示做相应处理。原始凭证见单据簿第223~225页库存现金盘点表（单据10−124）、关于现金盘盈的处理意见（单据10−125）。

77.12月31日，清查固定资产，发现盘亏一台打印机，原值2 000元，已提折旧1 500元，原因不明，领导已批示做相应处理。原始凭证见单据簿第225页固定资产盘点表（单据10−126）、关于资产盘亏的处理意见（单据10−127）。

78.12月31日，分配本月工资费用，工资总额190 000元，其中，生产甲产品人员工资80 000元，生产乙产品人员工资60 000元，车间管理人员工资10 000元，行政管理人员工资20 000元，销售人员工资20 000元。原始凭证见单据簿第227页工资费用分配表（单据10−128）。

10−76 业务76会计凭证　10−77 业务77会计凭证　10−78 业务78会计凭证

79.12月31日，按工资总额190 000元的14%计提职工福利费，其中生产甲产品人员11 200元，生产乙产品人员8 400元，车间管理人员1 400元，行政管理人员2 800元，销售人员2 800元。原始凭证见单据簿第227页职工福利分配表（单据10−129）。

80.12月31日，按工资总额190 000元的2%计提工会经费，生产甲产品人员1 600元，生产乙产品人员1 200元，车间管理人员200元，行政管理人员400元，销售人员400元。原始凭证见单据簿第227页工会经费分配表（单据10−130）。

81.12月31日，计提折旧10 044元，其中生产车间设备7 694元，行政管理部门设备2 150元，销售部门设备200元。原始凭证见单据簿第229页折旧费计提表（单据10−131）。

10−79 业务79会计凭证　10−80 业务80会计凭证　10−81 业务81会计凭证

82.12月31日，计提本月借款利息，本金500 000元，年利率1.8%；本金100 000元，年利率3.6%。原始凭证见单据簿第 229 页借款利息计算表（单据10-132）。

83.12月31日，填写制造费用汇总表和制造费用分配表，将本月发生的制造费用汇总后，按生产人员工资比例计算分配到甲、乙两产品生产成本的制造费用数额。原始凭证见单据簿第 229～231 页制造费用汇总表（单据10-133）、制造费用分配表（单据10-134）。

84.12月31日，本月甲产品投产4 000件，乙产品2 000件，月末全部完工入库，结转生产成本。原始凭证见单据簿第 231 页产品成本计算表（单据10-135）、产成品入库单（单据10-136）。

10-82 10-83 10-84

业务82会计凭证 业务83会计凭证 业务84会计凭证

85.12月31日，按上月末单价（即甲产品100元，乙产品150元）计算结转本月已售产品的销售成本。原始凭证见单据簿第 231 页产品销售成本汇总计算表（单据10-137）。

86.12月31日，按本月产品应缴纳的增值税，分别按7%和3%计算产品应缴纳的城市维护建设税及教育费附加。原始凭证见单据簿第 233 页城市维护建设税及教育费附加计算表（单据10-138）。

87.12月31日，结转有关损益类账户，计算本月实现利润总额。原始凭证见单据簿第 233 页12月损益类账户资料表（单据10-139）。

10-85 10-86 10-87

业务85会计凭证 业务86会计凭证 业务87会计凭证

88.12月31日，计算并结转本月所得税，税率为25%（不考虑纳税调整事项）。原始凭证见单据簿第 233 页12月所得税计算表（单据10-140）、所得税结转单（单据10-141）。

89.12月31日，结转本年实现的净利润。原始凭证见单据簿第 235 页本年利润结转计算表（单据10-142）。

90.12月31日，按本年税后净利润的10%提取法定盈余公积。原始凭证见单据簿第 235 页盈余公积计算表（单据10-143）。

10-88 10-89 10-90

业务88会计凭证 业务89会计凭证 业务90会计凭证

91.12月31日，宣告分配给股东现金股利200 000元。原始凭证见单据簿第 235 页关于分配现金股利的公告（单据10-144）。

92.12月31日，将“利润分配”账户所属明细账中除“利润分配—未分配利润”以外的各明细账户余额结转到“利润分配——未分配利润”账户。原始凭证见单据簿第 235 页利润分配各明细账户结转单（单据10-145）。

10-91

业务91会计凭证

10-92

业务92会计凭证

要求：1.根据以上经济业务和单据填制会计凭证（差旅费中发生的交通费暂不考虑增值税）。

2.根据填制的记账凭证登记所属明细账和总分类账。

3.根据总分类账和明细账编制试算平衡表、资产负债表、利润表。

10-93

明细账和总分类账

10-94

试算平衡表、资产负债表、利润表

第三部分

单据簿

单据簿索引

续表

续表

部分	项目	单据		页码
第一部分 单项实训	项目七 处理会计账簿	单据 7-18	收料单（会计联）	103
		单据 7-19	记账凭证	105
		单据 7-20	记账凭证	105
		单据 7-21	记账凭证	105
		单据 7-22	产成品入库单	107
		单据 7-23	产品成本计算表	107
		单据 7-24	记账凭证	107
		单据 7-25	记账凭证	109
		单据 7-26	财产盘点报告单	109
		单据 7-27	记账凭证	109
		单据 7-28	记账凭证	111
		单据 7-29	记账凭证	111
		单据 7-30	记账凭证	111
		单据 7-31	记账凭证	113
		单据 7-32	记账凭证	113
		单据 7-33	记账凭证	113
		单据 7-34	记账凭证	115
		单据 7-35	记账凭证	115
		单据 7-36	记账凭证	115
		单据 7-37	记账凭证	117
		单据 7-38	记账凭证	117
		单据 7-39	产品销售成本汇总计算表	117
		单据 7-40	记账凭证	119
		单据 7-41	记账凭证	119
		单据 7-42	记账凭证	119
		单据 7-43	记账凭证	121
		单据 7-44	记账凭证	121
		单据 7-45	记账凭证	121

续表

续表

部分	项目	单据		页码
第二部分 综合实训	项目十 会计核算综合技能实训	单据10-34	收料单（会计联）	165
		单据10-35	增值税专用发票	165
		单据10-36	收料单（会计联）	165
		单据10-37	银行信汇凭证	167
		单据10-38	增值税专用发票	167
		单据10-39	收料单（会计联）	169
		单据10-40	银行业务回单（收款）	169
		单据10-41	增值税专用发票	169
		单据10-42	转账支票存根联	171
		单据10-43	差旅费报销单	171
		单据10-44	收款收据	171
		单据10-45	转账支票存根联	173
		单据10-46	增值税专用发票	173
		单据10-47	电汇凭证	173
		单据10-48	固定资产验收单	175
		单据10-49	关于盘亏财产的处理意见	175
		单据10-50	增值税专用发票	175
		单据10-51	出库单	177
		单据10-52	进账单（收账通知）	177
		单据10-53	领料单（会计联）	177
		单据10-54	转账支票存根联	179
		单据10-55	工资发放表	179
		单据10-56	企业人员工资代发凭证	179
		单据10-57	增值税专用发票	179
		单据10-58	转账支票存根联	181
		单据10-59	转账支票存根联	181
		单据10-60	转账支票存根联	181
		单据10-61	收款收据	181

续表

续表

部分	项目	单据		页码
第二部分 综合实训	项目十 会计核算综合技能实训	单据 10-90	现金支票存根联	201
		单据 10-91	借款单	201
		单据 10-92	收款收据	201
		单据 10-93	增值税专用发票	203
		单据 10-94	电汇凭证	203
		单据 10-95	银行业务回单（付款）	205
		单据 10-96	收料单（会计联）	205
		单据 10-97	收料单（会计联）	205
		单据 10-98	增值税普通发票	207
		单据 10-99	转账支票存根联	207
		单据 10-100	领料单（会计联）	207
		单据 10-101	收款收据	209
		单据 10-102	增值税专用发票	209
		单据 10-103	差旅费报销单	209
		单据 10-104	公益性单位接受捐赠统一收据	211
		单据 10-105	转账支票存根联	211
		单据 10-106	现金支票存根联	211
		单据 10-107	借款单	211
		单据 10-108	增值税普通发票	213
		单据 10-109	增值税普通发票	213
		单据 10-110	差旅费报销单	215
		单据 10-111	申请	215
		单据 10-112	增值税专用发票	215
		单据 10-113	出库单	217
		单据 10-114	进账单（收账通知）	217
		单据 10-115	转账支票存根联	217
		单据 10-116	增值税专用发票	219
		单据 10-117	增值税专用发票	219

续表

部分	项目	单据		页码
第二部分 综合实训	项目十 会计核算综合技能实训	单据 10-118	转账支票存根联	221
		单据 10-119	水费分配表	221
		单据 10-120	电费分配表	221
		单据 10-121	增值税专用发票	221
		单据 10-122	财产盘点报告单	223
		单据 10-123	关于盘盈、盘亏财产的处理意见	223
		单据 10-124	库存现金盘点表	223
		单据 10-125	关于现金盘盈的处理意见	225
		单据 10-126	固定资产盘点表	225
		单据 10-127	关于资产盘亏的处理意见	225
		单据 10-128	工资费用分配表	227
		单据 10-129	职工福利分配表	227
		单据 10-130	工会经费分配表	227
		单据 10-131	折旧费计提表	229
		单据 10-132	借款利息计算表	229
		单据 10-133	制造费用汇总表	229
		单据 10-134	制造费用分配表	231
		单据 10-135	产品成本计算表	231
		单据 10-136	产成品入库单	231
		单据 10-137	产品销售成本汇总计算表	231
		单据 10-138	附加税计算表	233
		单据 10-139	12月损益类账户资料表	233
		单据 10-140	12月所得税计算表	233
		单据 10-141	所得税结转单	233
		单据 10-142	本年利润结转计算表	235
		单据 10-143	盈余公积计算表	235
		单据 10-144	关于分配现金股利的公告	235
		单据 10-145	利润分配各明细账户结转单	235

单　据

单据 6-1　现金支票存根联

中国工商银行
现金支票存根
30909322
12546743

附加信息

出票日期2019年07月05日

收款人：蓬勃公司

金　额：¥200.00

用　途：备用金

单位主管 张地　会计 赵鸿

上海金达证券印制有限公司・2018 年印制

单据 6-2　借款单

借款单

借款单位	业务科	借款人	吴昊
借款事由	去哈尔滨开会	借款金额（大写）	人民币：贰仟元　　¥：2 000.00
单位负责人	张地	部门负责人	张莉
财务负责人	宋小力	备注	2019年7月 6日

单据 6-3　增值税普通发票

1100164101　　黑龙江增值税普通发票　　№00160126　　1100164101 00160126

发票联

校验码 11040 11400 11401 10141　　开票日期：2019年07月06日

购买方
名　　　称：蓬勃公司
纳税人识别号：3208001042200381166
地 址、电 话：佳木斯市郊区通江路10号 0454-8655766
开户行及账号：中国工商银行佳木斯市东风支行 090423092461835335

密码区
03/50/*36677-*8*42<-087*6591
*><360892/+54151*7>5/27/-880
36<6985**445810**-+4<-/6+/7+
1><8793*6501794+19>51795*+<*

货物或应税劳务、服务名称	规格型号	单位	数量	单价	金额	税率	税额
*文具*文件夹		个	20	10.00	200.00	13%	26.00
*纸及纸制品*笔记本		本	20	20.00	400.00	13%	52.00
合　计					¥600.00		¥78.00
价税合计（大写）	⊗陆佰柒拾捌元整				（小写）¥678.00		

销售方
名　　　称：佳木斯市文化用品商店
纳税人识别号：258291040021411238
地 址、电 话：佳木斯市中山路22号 0454-867766996
开户行及账号：中国建设银行佳木斯市向阳支行 0304022309246180869

备注　佳木斯市文化用品商店 258291040021411238 发票专用章

收款人：　　复核：　　开票人：杨坤　　销售方：（章）

税总函［2018］982 号深圳光华印制有限公司

第二联：发票联　购买方记账凭证

单据6-4　增值税专用发票

1100164102　　黑龙江增值税专用发票　　№00180341　　1100164102 00180341

发票联

校验码 12791 33012 97124 71235　　开票日期：2019年07月07日

税总函[2018]982号海南华森实业公司

购买方	名称：蓬勃公司 纳税人识别号：320800104220038 1166 地址、电话：台州市郊区通江路10号 0454-86557666 开户行及账号：中国工商银行台州市东风支行 0904230924618 35335				密码区	03/50/*36677-*8*42<-087*6591 *><360892/+54151*7>5/27/-880 36<6985**445810**-+4<-/6+/7+ 1><8793*6501794+19>51795*+<*	
货物或应税劳务、服务名称	规格型号	单位	数量	单价	金额	税率	税额
*黑色金属冶炼压延品*圆钢	Φ14mm	吨	2	5000.00	10000.00	13%	1300.00
合计					¥10000.00		¥1300.00
价税合计（大写）	⊗壹万壹仟叁佰元整				（小写）¥1130.00		
销售方	名称：天华机械公司 纳税人识别号：256219040021311 2276 地址、电话：佳木斯市向阳区保卫路66号 0454-86547776 开户行及账号：中国建设银行佳木斯市向阳支行 09040223090 53424818				备注	天华机械公司 25621904002131 1227 发票专用章	

收款人：　　复核：　　开票人：杨大力　　销售方：（章）

第三联：发票联　购买方记账凭证

单据6-5　收料单（会计联）

收料单

供货单位：天华机械公司　　　　编号：0005

发票编号：00180341　　2019年 07月 07日　　仓库：1号

材料类别	材料编号	材料名称	规格	计量单位	数量		金额		
					应收	实收	单价	买价	合计
主要材料	0111	圆钢	Φ14mm	吨	2	2	5000.00	10000.00	10000.00

会计联

会计主管　　会计　　审核　　记账　　收料 赵大志

单据 6-6　差旅费报销单

差旅费报销单

报销部门：总经理办公室　　2019 年　07 月　15 日

姓名	昊昊		职务	业务科员		出差事由		开会		
出差起止日期自2019年 07月 08日起至2019年 07月 12日共 5天 附单据 3张										
日期		起讫地点	差旅补助			交通费	住宿费	会务费	其他	小计
月	日		天数	标准	金额					
07	08	佳市-哈市	1	180.00	180.00	30.00				210.00
07	12	哈市-佳市	4	180.00	720.00	120.00	400.00	800.00		2040.00
		合计			900.00	150.00	400.00	800.00		2250.00
合计人民币(大写)贰仟贰佰伍拾元整										
预领金额：2000 元				交(退)回金额 元 应补付金额 25.00 元						

单位负责人：张地　　会计主管：　　部门主管：　　报销人：赵宏

单据 6-7　借款单

借 款 单

年　月　日

借款部门			姓名			事由	
借款金额（大写）		万　仟　佰　拾　元　角　分 ¥					
领导审批		财务审批		部门审批		出纳付款	
借款人				备注			

单据6-8　中国工商银行现金支票（正面）

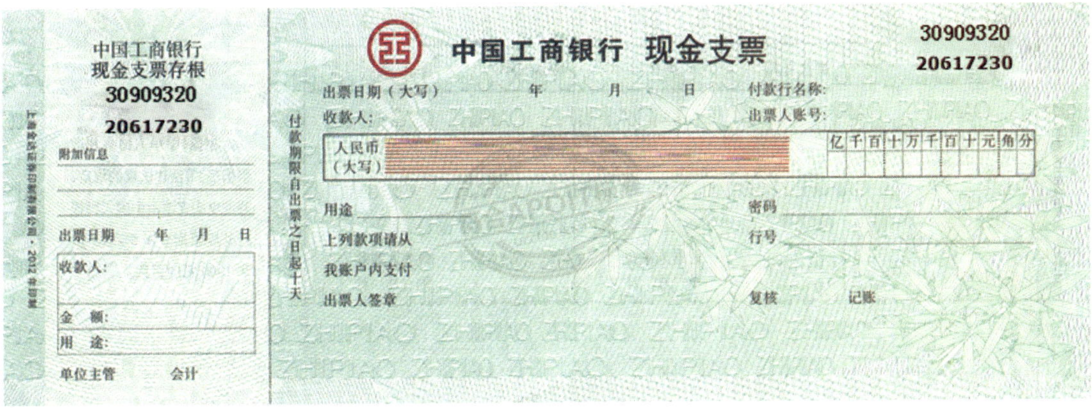

中国工商银行
现金支票存根
30909320
20617230
附加信息
出票日期　年　月　日
收款人:
金　额:
用　途:
单位主管　会计

中国工商银行　现金支票　30909320 20617230

付款期限自出票之日起十天

出票日期（大写）　年　月　日　付款行名称:
收款人:　出票人账号:
人民币（大写）　亿 千 百 十 万 千 百 十 元 角 分
用途　密码
上列款项请从　行号
我账户内支付
出票人签章　复核　记账

单据6-9　中国工商银行转账支票（正面）

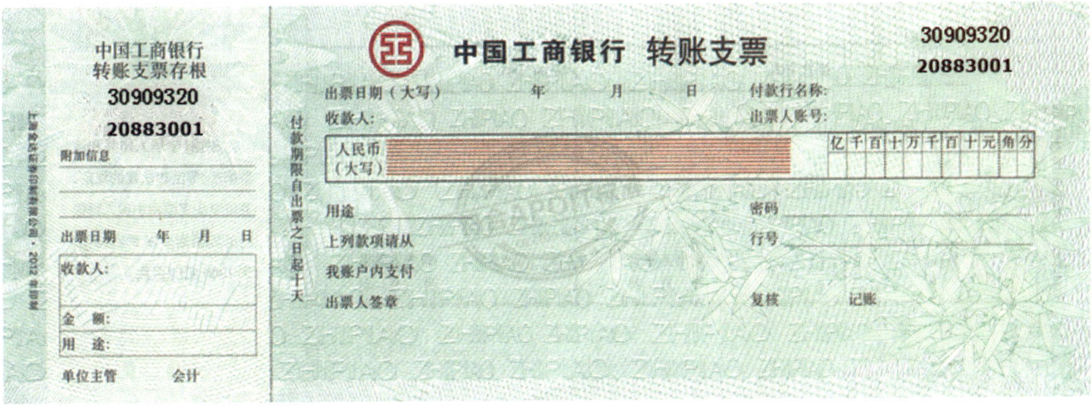

中国工商银行
转账支票存根
30909320
20883001
附加信息
出票日期　年　月　日
收款人:
金　额:
用　途:
单位主管　会计

中国工商银行　转账支票　30909320 20883001

付款期限自出票之日起十天

出票日期（大写）　年　月　日　付款行名称:
收款人:　出票人账号:
人民币（大写）　亿 千 百 十 万 千 百 十 元 角 分
用途　密码
上列款项请从　行号
我账户内支付
出票人签章　复核　记账

上海金达证券印刷有限公司·2012年印制

附加信息:	收款人签章 年 月 日
	身份证件名称: 发证机关:
	号码

（贴粘单处）

根据《中华人民共和国票据法》等法律法规的规定，签发空头支票由中国人民银行处以票面金额5%但不低于1000元的罚款。

上海金达证券印刷有限公司·2012年印制

附加信息:	被背书人	被背书人
	背书人签章 年 月 日	背书人签章 年 月 日

（贴粘单处）

根据《中华人民共和国票据法》等法律法规的规定，签发空头支票由中国人民银行处以票面金额5%但不低于1000元的罚款。

单据6-10-1　银行信汇凭证（回单）

中国工商银行信汇凭证（回单）　　1

委托日期　　年　月　日

汇款人	全　称		收款人	全　称	
	账　号			账　号	
	汇出地点	省　　市/县		汇入地点	省　　市/县
汇出行名称			汇入行名称		

		亿	千	百	十	万	千	百	十	元	角	分
金额	人民币（大写）											

汇出行签章	支付密码
	附加信息及用途：

此联汇出行给汇款人的回单

单据6-10-2　银行信汇凭证（借方凭证）

中国工商银行信汇凭证（借方凭证）　　2

委托日期　　年　月　日

汇款人	全　称		收款人	全　称	
	账　号			账　号	
	汇出地点	省　　市/县		汇入地点	省　　市/县
汇出行名称			汇入行名称		

		亿	千	百	十	万	千	百	十	元	角	分
金额	人民币（大写）											

此汇款支付给收款人 汇款人签章	支付密码
	附加信息及用途： 复核：　　记账：

此联汇出行作借方凭证

单据 6-10-3　银行信汇凭证（贷方凭证）

中国工商银行信汇凭证（贷方凭证）　　3

委托日期　　年　月　日

汇款人	全　称		收款人	全　称	
	账　号			账　号	
	汇出地点	省　　市/县		汇入地点	省　　市/县
汇出行名称			汇入行名称		
金额	人民币（大写）			亿 千 百 十 万 千 百 十 元 角 分	
			支付密码		
			附加信息及用途： 复核：　　记账：		

此联汇入行作贷方凭证

单据 6-10-4　银行信汇凭证（收账通知）

中国工商银行信汇凭证（收账通知）　　4

委托日期　　年　月　日

汇款人	全　称		收款人	全　称	
	账　号			账　号	
	汇出地点	省　　市/县		汇入地点	省　　市/县
汇出行名称			汇入行名称		
金额	人民币（大写）			亿 千 百 十 万 千 百 十 元 角 分	
款项已收入收款人账户 汇入行签章			支付密码		
			附加信息及用途： 复核：　　记账：		

此联给收款人的收账通知

单据 6-11-1　收料单（仓库联）

收料单

供货单位:　　　　　　　　　　　　　　　　　　编号:

发票编号:　　　　　年　　月　　日　　　　　　仓库:

材料类别	材料编号	材料名称	规格	计量单位	数量		金额		
					应收	实收	单价	买价	合计

仓库联

会计主管　　　　会计　　　　审核　　　　记账　　　　收料

单据 6-11-2　收料单（存根联）

收料单

供货单位:　　　　　　　　　　　　　　　　　　编号:

发票编号:　　　　　年　　月　　日　　　　　　仓库:

材料类别	材料编号	材料名称	规格	计量单位	数量		金额		
					应收	实收	单价	买价	合计

存根联

会计主管　　　　会计　　　　审核　　　　记账　　　　收料

单据 6-11-3　收料单（会计联）

收料单

供货单位:　　　　　　　　　　　　　　　　　　　　　　编号:

发票编号:　　　　　　　　　年　　月　　日　　　　　　仓库:

材料类别	材料编号	材料名称	规格	计量单位	数量		金额		
					应收	实收	单价	买价	合计

会计联

会计主管　　　　会计　　　　审核　　　　记账　　　　收料

单据 6-11-4　收料单（业务联）

收料单

供货单位:　　　　　　　　　　　　　　　　　　　　　　编号:

发票编号:　　　　　　　　　年　　月　　日　　　　　　仓库:

材料类别	材料编号	材料名称	规格	计量单位	数量		金额		
					应收	实收	单价	买价	合计

业务联

会计主管　　　　会计　　　　审核　　　　记账　　　　收料

单据 6-12-1　领料单（业务联）

领 料 单

领料部门：

用 途　　　　年　月　日　　　　第　　　号

材料			单位	数量		成本									
						单价	总价								
编号	名称	规格		请领	实发		百	十	万	千	百	十	元	角	分
合计															

业务联

部门经理：　　会计：　　仓库：　　经办人：

单据 6-12-2　领料单（会计联）

领 料 单

领料部门：

用 途　　　　年　月　日　　　　第　　　号

材料			单位	数量		成本									
						单价	总价								
编号	名称	规格		请领	实发		百	十	万	千	百	十	元	角	分
合计															

会计联

部门经理：　　会计：　　仓库：　　经办人：

单据 6-12-3　领料单（仓库联）

领 料 单

领料部门：

用 途　　　　年　月　日　　　　第　　　号

材料			单位	数量		成本									
						单价	总价								
编号	名称	规格		请领	实发		百	十	万	千	百	十	元	角	分
合计															

仓库联

部门经理：　　会计：　　仓库：　　经办人：

单据6-12-4　领料单（存根联）

领　料　单

领料部门：

用　途　　　　　　　　年　月　日　　　　　　第　　　号

材料			单位	数量		成本										
						单价	总价									
编号	名称	规格		请领	实发		百	十	万	千	百	十	元	角	分	存根联
合计																

部门经理：　　　　会计：　　　　仓库：　　　　经办人：

单据6-13-1　现金存款凭条（银行核对联）

ICBC 中国工商银行　　　　现金存款凭条

年　月　日

存款人	全称			
	账号		款项来源	
	开户行		交款人	

金额（大写）	千	百	十	万	千	百	十	元	角	分

票面	张数	十	万	千	百	十	元	角	分	票面	张数	千	百	十	元	角	分	备注
壹佰元										伍角								
伍拾元										贰角								
贰拾元										壹角								
拾元										伍分								
伍元										贰分								
贰元										壹分								
壹元										其他								

第一联　银行核对联

190mm×100mm GH 082398

单据6-13-2　现金存款凭条（客户核对联）

ICBC 中国工商银行　　　　现金存款凭条

年　月　日

存款人	全称			
	账号		款项来源	
	开户行		交款人	

金额（大写）	千	百	十	万	千	百	十	元	角	分

票面	张数	十	万	千	百	十	元	角	分	票面	张数	千	百	十	元	角	分	备注
壹佰元										伍角								
伍拾元										贰角								
贰拾元										壹角								
拾元										伍分								
伍元										贰分								
贰元										壹分								
壹元										其他								

第二联　客户核对联

190mm×100mm

注：此联不作为入账依据

单据6-14-1　增值税专用发票（记账联）

校验码

黑龙江增值税专用发票　　№

此联不作报销、扣税凭证使用　　　　开票日期：

购买方	名　　称： 纳税人识别号： 地址、电话： 开户行及账号：	密码区	

货物或应税劳务、服务名称	规格型号	单位	数量	单价	金额	税率	税额
合　　计							
价税合计（大写）	⊗				（小写）		

销售方	名　　称： 纳税人识别号： 地址、电话： 开户行及账号：	备注	

收款人：　　复核：　　开票人：　　销售方：（章）

税总函[2018] 562号海南华森实业公司

第一联：记账联　销售方记账凭证

单据6-14-2　增值税专用发票（抵扣联）

校验码

黑龙江增值税专用发票　　№

抵扣联　　　　开票日期：

购买方	名　　称： 纳税人识别号： 地址、电话： 开户行及账号：	密码区	

货物或应税劳务、服务名称	规格型号	单位	数量	单价	金额	税率	税额
合　　计							
价税合计（大写）	⊗				（小写）		

销售方	名　　称： 纳税人识别号： 地址、电话： 开户行及账号：	备注	

收款人：　　复核：　　开票人：　　销售方：（章）

税总函[2018] 982号海南华森实业公司

第二联：抵扣联　购买方扣税凭证

单据6-14-3　增值税专用发票（发票联）

校验码

黑龙江增值税专用发票　　№

发票联　　　　开票日期：

购买方	名　　称： 纳税人识别号： 地址、电话： 开户行及账号：	密码区	

货物或应税劳务、服务名称	规格型号	单位	数量	单价	金额	税率	税额
合　　计							
价税合计（大写）	⊗				（小写）		

销售方	名　　称： 纳税人识别号： 地址、电话： 开户行及账号：	备注	

收款人：　　复核：　　开票人：　　销售方：（章）

税总函[2018] 982号海南华森实业公司

第三联：发票联　购买方记账凭证

单据6-15-1　托收凭证（受理回单）

托收凭证　（受理回单）　1

委托日期　　年　月　日

业务类型	委托收款（□邮划、□电划）托收承付（□邮划、□电划）						
付款人	全称		收款人	全称			
	账号			账号			
	地址	省　市县　开户行		地址	省　市县　开户行		
金额	人民币（大写）		亿 千 百 十 万 千 百 十 元 角 分				
款项内容		托收凭据名称		附寄单证张数			
商品发运情况		合同名称号码					
备注： 复核　记帐		款项收妥日期 年　月　日		收款人开户银行签章 年　月　日			

此联作收款人开户银行给收款人的受理回单

单据6-15-2　托收凭证（贷方凭证）

托收凭证　（贷方凭证）　2

委托日期　　年　月　日

业务类型	委托收款（□邮划、□电划）托收承付（□邮划、□电划）						
付款人	全称		收款人	全称			
	账号			账号			
	地址	省　市县　开户行		地址	省　市县　开户行		
金额	人民币（大写）		亿 千 百 十 万 千 百 十 元 角 分				
款项内容		托收凭据名称		附寄单证张数			
商品发运情况		合同名称号码					
备注： 收款人开户银行收到日期 年　月　日		上列款项随附有关债务证明,请予办理 收款人签章		复核　记帐			

此联收款人开户银行作贷方凭证

单据6-15-3　托收凭证（借方凭证）

托收凭证（借方凭证）　3

委托日期　　年　月　日　　　付款期限　　年　月　日

业务类型	委托收款（□邮划、□电划）　托收承付（□邮划、□电划）						
付款人	全称			收款人	全称		
	账号				账号		
	地址	省　市县	开户行		地址	省　市县	开户行
金额	人民币（大写）					亿 千 百 十 万 千 百 十 元 角 分	
款项内容		托收凭据名称		附寄单证张数			
商品发运情况				合同名称号码			
备注： 付款人开户银行收到日期 年　月　日		收款人开户银行签章 年　月　日		复核　　记帐			

此联付款人开户银行作借方凭证

单据6-15-4　托收凭证（汇款依据或收账通知）

托收凭证（汇款依据或收账通知）　4

委托日期　　年　月　日　　　付款期限　　年　月　日

业务类型	委托收款（□邮划、□电划）　托收承付（□邮划、□电划）						
付款人	全称			收款人	全称		
	账号				账号		
	地址	省　市县	开户行		地址	省　市县	开户行
金额	人民币（大写）					亿 千 百 十 万 千 百 十 元 角 分	
款项内容		托收凭据名称		附寄单证张数			
商品发运情况				合同名称号码			
备注： 复核　　记帐		上列款项已划回收入你方帐户内 收款人开户银行签章 年　月　日					

此联付款人开户银行凭以汇款或收款人开户银行作收账通知

单据 6-15-5　托收凭证（付款通知）

托收凭证 （付款通知）　5

委托日期　　年　月　日　　　付款期限　　年　月　日

业务类型	委托收款（□邮划、□电划） 托收承付（□邮划、□电划）						
付款人	全称			收款人	全称		
	账号				账号		
	地址	省　市县	开户行		地址	省　市县	开户行
金额	人民币（大写）				亿 千 百 十 万 千 百 十 元 角 分		
款项内容		托收凭据名称			附寄单证张数		
商品发运情况				合同名称号码			
备注： 付款人开户银行收到日期 年　月　日 复核　记帐		付款人开户银行签章 年　月　日		付款人注意：1.根据支付人结算办法，上列委托收款（托收承付）款项在付款期限内未提出拒付，即视为同意付款，以此代付款通知。2.如需提出全部或部分拒付，应在规定期限内，将拒付理由书并附债务证明退交开户银行。			

此联付款人开户银行给付款人按期付款通知

单据 6-16　收款凭证

收　款　凭　证

收字第　3　号

借方科目：银行存款　　　　2019 年 07 月 05 日

摘要	总账科目	明细科目	借或贷	金额	✓
将现金存入银行	库存现金			150000	□
					□
					□
					□
					□
					□
合计				¥150000	□

附单据 1 张

会计主管：　记账：　出纳：　复核：　制单：张晓红

单据6-17　收款凭证

收　款　凭　证

收字第 4 号

借方科目：银行存款　　　　2019 年 07 月 13 日

摘要	对方科目		借或贷	金额										√
	总账科目	明细科目		千	百	十	万	千	百	十	元	角	分	
将现金存入银行	库存现金						1	5	0	0	0	0	0	
合　计						¥	1	5	0	0	0	0	0	

附单据 1 张

会计主管：　记账：　出纳：　复核：　制单：张晓红

单据6-18　付款凭证

付　款　凭　证

付字第 5 号

贷方科目：银行存款　　　　2019 年 07 月 19 日

摘要	对方科目		借或贷	金额										√
	总账科目	明细科目		千	百	十	万	千	百	十	元	角	分	
用存款偿还长期借款	长期借款					8	0	0	0	0	0	0	0	
合　计					¥	8	0	0	0	0	0	0	0	

附单据 1 张

会计主管：　记账：　出纳：　复核：　制单：　受款人：张晓红

单据6-19　付款凭证

付　款　凭　证

付字第 6 号

贷方科目：库存现金　　　　2019 年 07 月 20 日

摘要	对方科目		借或贷	金额										√
	总账科目	明细科目		千	百	十	万	千	百	十	元	角	分	
用现金预付差旅费	销售费用	尚宏铭						2	0	0	0	0	0	
合　计							¥	2	0	0	0	0	0	

附单据 1 张

会计主管：　记账：　出纳：　复核：　制单：　受款人：张晓红

单据6-20　付款凭证

付　款　凭　证

付字第　7　号

贷方科目：库存现金　　　　2019 年07 月27 日

摘要	对方科目：总账科目	对方科目：明细科目	借或贷	千	百	十	万	千	百	十	元	角	分	√
用现金支付差旅费	其他应收款	乔红						2	3	0	0	0	0	
合　　计							¥	2	3	0	0	0	0	

附单据 1 张

会计主管：　记账：　出纳：　复核：　制单：　受款人：张晓红

单据6-21　付款凭证

付　款　凭　证

付字第　8　号

贷方科目：银行存款　　　　2019 年07 月28 日

摘要	对方科目：总账科目	对方科目：明细科目	借或贷	千	百	十	万	千	百	十	元	角	分	√
用存款购买办公用品	管理费用	办公费							3	0	0	0	0	
合　　计								¥	3	0	0	0	0	

附单据 2 张

会计主管：　记账：　出纳：　复核：　制单：　受款人：张晓红

单据6-22　付款凭证

付　款　凭　证

付字第　9　号

贷方科目：应付票据　　　　2019 年07 月29 日

摘要	对方科目：总账科目	对方科目：明细科目	借或贷	千	百	十	万	千	百	十	元	角	分	√
用商业汇票购买甲产品	原材料	棉料						3	0	0	0	0	0	
	应交税费	应交增值税							3	9	0	0	0	
合　　计							¥	3	3	9	0	0	0	

附单据 2 张

会计主管：　记账：　出纳：　复核：　制单：　受款人：张晓红

单据 6-23　转账凭证

转　账　凭　证

转字第 32 号

2019 年 07 月 31 日

摘要	总账科目	明细科目	借方金额（亿千百十万千百十元角分）	贷方金额（亿千百十万千百十元角分）	√
购销商品	应收账款	环宇公司	2000000		
	主营业务收入			2000000	
	应交税费	应交增值税		260000	
合计			¥2000000	¥2260000	

附单据 3 张

会计主管：　记账：　出纳：　复核：　制单：张晓红

单据 7-1　账簿启用及交接表

账 簿 启 用 及 交 接 表

机构名称	宏源公司	印鉴
账簿名称	现金日记账　　（第　　册）	宏源公司 财务专用章
账簿编号		
账簿页数	本账簿共计100　页（本账簿页数 检点人盖章　）	
启用日期	公元 2019 年 01 月 01 日	

经管人员	负责人		主办会计		复核		记账	
	姓名	盖章	姓名	盖章	姓名	盖章	姓名	盖章
			徐红	徐红印				

接交记录	经管人员		接管				交出			
	职别	姓名	年	月	日	盖章	年	月	日	盖章
		肖枫	2019	07	20	肖枫印				
		舒慧					2019	03	20	舒慧印

备注	

单据 7-2　账簿启用及交接表

账 簿 启 用 及 交 接 表

机构名称	宏源公司	印鉴
账簿名称	原材料明细账　　（第　　册）	宏源公司 财务专用章
账簿编号		
账簿页数	本账簿共计100　页（本账簿页数 检点人盖章　）	
启用日期	公元 2019 年 01 月 01 日	

经管人员	负责人		主办会计		复核		记账	
	姓名	盖章	姓名	盖章	姓名	盖章	姓名	盖章

接交记录	经管人员		接管				交出			
	职别	姓名	年	月	日	盖章	年	月	日	盖章
		舒慧	2019	07	20	舒慧印				
		周东					2019	07	20	周东印

备注	

单据 7-3　库存现金日记账

库 存 现 金 日 记 账

第＿＿页

2019年 月	日	凭证 种类	凭证 号数	摘要	借方	贷方	余额	核对
07	01			期初余额			500000	□
07	02			预付差旅费		80000	420000	□
07	06			报销差旅费		1750	418250	□
07	11			存现		110000	308250	□
								□
								□

单据 7-4　借款单

借 款 单

2019 年 07 月 02 日

借款部门	供应部	姓名	邹云峰	事由	差旅费

借款金额（大写）	零万　零仟　捌佰　零拾　零元　零角　零分　¥ 800.00						
领导审批	张小海	财务审批	徐红	部门审批	丁佳佳	出纳付款	舒慧
借款人	邹云峰	备注					

单据 7-5　记账凭证

记 账 凭 证

记 字第001 号

2019 年07月02日

摘要	总账科目	明细科目	借方金额（亿千百十万千百十元角分）	贷方金额（亿千百十万千百十元角分）	√
预付邹云峰差旅费	其他应收款	邹云峰	80000		□
预付邹云峰差旅费	库存现金			80000	□
					□
					□
					□
					□
合		计	¥80000	¥80000	□

附单据 1 张

会计主管:　　记账:　　出纳:　　复核:　　制单: 肖芳菲

单据 7-6　领料单（会计联）

领 料 单

领料部门：生产车间

用　途 生产甲产品　　2019 年 07 月 04 日　　第 001 号

材料			单位	数量		成本	
编号	名称	规格		请领	实发	单价	总价（百十万千百十元角分）
001	A材料	ML	kg	200	200	20.00	400000
002	B材料	NL	kg	30	30	100.00	300000
合计							¥700000

会计联

部门经理：王国立　　会计：　　仓库：付阅　　经办人：申玉霖

单据 7-7　记账凭证

记　账　凭　证

记　字第002　号

2019 年07月04日

摘　　要	总账科目	明细科目	借方金额	贷方金额	√
甲产品领料	生产成本	甲产品	7000.00		☐
甲产品领料	原材料	A材料		4000.00	☐
甲产品领料	原材料	B材料		3000.00	☐
					☐
					☐
					☐
合		计	¥7000.00	¥7000.00	☐

附单据 1 张

会计主管:　　记账：　　出纳:　　复核:　　制单: 肖芳菲

单据 7-8　记账凭证

记　账　凭　证

记　字第003　号

2019 年07月05日

摘　　要	总账科目	明细科目	借方金额	贷方金额	√
以银行存款付维修费	管理费用	维修费	1380.00		☐
以银行存款付维修费	应交税费	应交增值税	179.40		☐
以银行存款付维修费	银行存款			1559.40	☐
					☐
					☐
					☐
合		计	¥1559.40	¥1559.40	☐

附单据 2 张

会计主管:　　记账：　　出纳:　　复核:　　制单: 肖芳菲

单据 7-9　记账凭证

记　账　凭　证

字第004　号

2019 年07月05日

摘　　要	总账科目	明细科目	借方金额	贷方金额	√
预付财险费	预付账款	保险佳西分公司	72000.00		☐
预付财险费	应交税费	应交增值税	4320.00		☐
预付财险费	银行存款			76320.00	☐
					☐
					☐
					☐
合		计	¥76320.00	¥76320.00	☐

附单据 2 张

会计主管:　　记账：　　出纳:　　复核:　　制单: 肖芳菲

单据 7-10　记账凭证

记 账 凭 证

记 字第005 号

2019 年07月05日

摘要	总账科目	明细科目	借方金额（亿千百十万千百十元角分）	贷方金额（亿千百十万千百十元角分）	√
从工行借入短期借款	银行存款		10000000		
	短期借款	工行		10000000	
合计			￥10000000	￥10000000	

附单据 1 张

会计主管：　记账：　出纳：　复核：　制单：肖芳菲

单据 7-11　记账凭证

记 账 凭 证

记 字第006 号

2019 年07月06日

摘要	总账科目	明细科目	借方金额（亿千百十万千百十元角分）	贷方金额（亿千百十万千百十元角分）	√
邹云峰报销差旅费	管理费用	差旅费	75000		
邹云峰报销差旅费	应交税费	应交增值税	6750		
邹云峰报销差旅费	其他应收款			80000	
邹云峰报销差旅费	库存现金			1750	
合计			￥81750	￥81750	

附单据 3 张

会计主管：　记账：　出纳：　复核：　制单：肖芳菲

单据 7-12　领料单（会计联）

领 料 单

领料部门：生产车间

用　途 生产乙产品　　2019 年 07 月 07 日　　第 002 号

材料			单位	数量		成本	
编号	名称	规格		请领	实发	单价	总价（百十万千百十元角分）
001	A材料	ML	kg	40	40	20.00	80000
002	B材料	NL	kg	30	30	100.00	300000
合计							￥380000

会计联

部门经理：王国立　会计：　仓库：付阅　经办人：申玉霖

单据 7-13　记账凭证

记 账 凭 证

记 字第007 号

2019 年07月07日

摘要	总账科目	明细科目	借方金额 亿	千	百	十	万	千	百	十	元	角	分	贷方金额 亿	千	百	十	万	千	百	十	元	角	分	√
乙产品领料	生产成本	乙产品						3	8	0	0	0	0												□
乙产品领料	原材料	A材料																		8	0	0	0	0	□
乙产品领料	原材料	B材料																	3	0	0	0	0	0	□
																									□
																									□
																									□
合		计					¥	3	8	0	0	0	0					¥	3	8	0	0	0	0	□

附单据 1 张

会计主管:　　记账:　　出纳:　　复核:　　制单: 肖芳菲

单据 7-14　记账凭证

记 账 凭 证

记 字第008 号

2019 年07月07日

摘要	总账科目	明细科目	借方金额 亿	千	百	十	万	千	百	十	元	角	分	贷方金额 亿	千	百	十	万	千	百	十	元	角	分	√
收到投资款存入银行	银行存款					1	0	0	0	0	0	0	0												□
	实收资本	华硕公司															1	0	0	0	0	0	0	0	□
																									□
																									□
																									□
																									□
合		计			¥	1	0	0	0	0	0	0	0				¥	1	0	0	0	0	0	0	0	□

附单据 2 张

会计主管:　　记账:　　出纳:　　复核:　　制单: 肖芳菲

单据 7-15　领料单（会计联）

领 料 单

领料部门: 生产车间

用　途 生产甲产品　　2019 年 07 月 10 日　　第 003 号

材料 编号	名称	规格	单位	数量 请领	实发	成本 单价	总价 百	十	万	千	百	十	元	角	分
001	A材料	ML	kg	150	150	20.00				3	0	0	0	0	0
002	B材料	NL	kg	30	30	100.00				3	0	0	0	0	0
合计									¥	6	0	0	0	0	0

会计联

部门经理: 王国立　　会计:　　仓库: 付阅　　经办人: 申玉霖

单据 7-16　记账凭证

记 账 凭 证

记 字第009 号

2019 年07月10日

摘　要	总账科目	明细科目	借方金额（亿千百十万千百十元角分）	贷方金额（亿千百十万千百十元角分）	√
甲产品领料	生产成本	甲产品	600000		☐
甲产品领料	原材料	A材料		300000	☐
甲产品领料	原材料	B材料		300000	☐
					☐
					☐
					☐
合		计	¥600000	¥600000	☐

附单据 1 张

会计主管:　　记账:　　出纳:　　复核:　　制单: 肖芳菲

单据 7-17　记账凭证

记 账 凭 证

记 字第10 号

2019 年07月11日

摘　要	总账科目	明细科目	借方金额（亿千百十万千百十元角分）	贷方金额（亿千百十万千百十元角分）	√
将现金存入银行	银行存款		110000		☐
将现金存入银行	库存现金			110000	☐
					☐
					☐
					☐
					☐
合		计	¥110000	¥110000	☐

附单据 1 张

会计主管:　　记账:　　出纳:　　复核:　　制单: 肖芳菲

单据 7-18　收料单（会计联）

收料单

供货单位: 光明建材厂　　编号: 0001

发票编号: 00180413　　2019 年 07 月 12 日　　仓库: 1号仓库

材料类别	材料编号	材料名称	规格	计量单位	数量		金额		
					应收	实收	单价	买价	合计
主要材料	001	A材料	ML	kg	150	150	20.00	3000.00	3000.00
主要材料	002	B材料	NL	kg	20	20	100.00	2000.00	2000.00

会计联

会计主管　　会计　　审核　　记账　　收料 王国立

单据 7-19　记账凭证

记　账　凭　证

记　字第011　号

2019　年07月12日

摘　要	总账科目	明细科目	借方金额											贷方金额											√
			亿	千	百	十	万	千	百	十	元	角	分	亿	千	百	十	万	千	百	十	元	角	分	
赊购材料入库	原材料	A材料						3	0	0	0	0	0												
赊购材料入库	原材料	B材料						2	0	0	0	0	0												
赊购材料入库	应交税费	应交增值税							6	5	0	0	0												
赊购材料入库	应付账款	光明建材厂																	5	6	5	0	0	0	
合		计					¥	5	6	5	0	0	0					¥	5	6	5	0	0	0	

附单据 2 张

会计主管:　　记账:　　出纳:　　复核:　　制单: 肖芳菲

单据 7-20　记账凭证

记　账　凭　证

记　字第012　号

2019　年07月12日

摘　要	总账科目	明细科目	借方金额											贷方金额											√
			亿	千	百	十	万	千	百	十	元	角	分	亿	千	百	十	万	千	百	十	元	角	分	
收回应收货款	银行存款						1	0	0	0	0	0	0												
收回应收货款	应收账款	硕丰公司																1	0	0	0	0	0	0	
合		计				¥	1	0	0	0	0	0	0				¥	1	0	0	0	0	0	0	

附单据 1 张

会计主管:　　记账:　　出纳:　　复核:　　制单: 肖芳菲

单据 7-21　记账凭证

记　账　凭　证

记　字第013　号

2019　年07月15日

摘　要	总账科目	明细科目	借方金额											贷方金额											√
			亿	千	百	十	万	千	百	十	元	角	分	亿	千	百	十	万	千	百	十	元	角	分	
用支票购买办公用品	管理费用	办公费						2	0	0	0	0	0												
	应交税费	应交增值税							2	6	0	0	0												
	银行存款																		2	2	6	0	0	0	
合		计					¥	2	2	6	0	0	0					¥	2	2	6	0	0	0	

附单据 1 张

会计主管:　　记账:　　出纳:　　复核:　　制单: 肖芳菲

单据 7-22　产成品入库单

产成品入库单

交库单位：生产车间　　　　2019 年 07 月 16 日

产品名称	规格型号	单位	交付数量	检验结果		实收数量	金额
				合格	不合格		
甲产品	FV-05	件	100	合格		100	100000

财务联

车间送库：王东旭　　检验：穆红彬　　仓库验收：侯静

单据 7-23　产品成本计算表

产品成本计算表

产品名称：甲产品　　产量：100件

成本项目	总成本	单位成本
直接材料	60000	600
直接人工	30000	300
制造费用	10000	100
合　计	100000	1000

单据 7-24　记账凭证

记　账　凭　证

记　字第014　号

2019 年07月16日

摘　要	总账科目	明细科目	借方金额	贷方金额	√
甲产品完工入库	库存商品	甲产品	10000000		
	生产成本	甲产品		10000000	
合　计			¥10000000	¥10000000	

附单据 1 张

会计主管：　　记账：　　出纳：　　复核：　　制单：肖芳菲

单据 7-25　记账凭证

记 账 凭 证

记　字第015　号

2019 年07月18日

摘　要	总账科目	明细科目	借方金额（亿千百十万千百十元角分）	贷方金额（亿千百十万千百十元角分）	√
赊销产品	应收账款	大华公司	56500000		
赊销产品	主营业务收入			50000000	
	应交税费	应交增值税		6500000	
合　计			¥56500000	¥56500000	

附单据 1 张

会计主管:　　记账：　　出纳:　　复核:　　制单: 肖芳菲

单据 7-26　财产盘点报告单

财产盘点报告单

单位名称: 1号仓库　　2019 年　07 月　15 日　　单位: 元

财产名称	计量单位	实存	账存	单位成本	盘盈		盘亏		原因
					数量	金额	数量	金额	
B材料	kg	228	230	100			2	200	待查
合计								¥200.00	

仓库保管员: 王国立　　盘点人: 王旭

单据 7-27　记账凭证

记 账 凭 证

记　字第16　号

2019 年07月19日

摘　要	总账科目	明细科目	借方金额（亿千百十万千百十元角分）	贷方金额（亿千百十万千百十元角分）	√
B材料盘亏	待处理财产损溢		22600		
B材料盘亏	原材料	B材料		20000	
B材料盘亏	应交税费	应交增值税		2600	
合　计			¥22600	¥22600	

附单据 1 张

会计主管:　　记账：　　出纳:　　复核:　　制单: 肖芳菲

单据 7-28　记账凭证

记　账　凭　证

记 字第17 号

2019 年07月21日

摘　要	总账科目	明细科目	借方金额											贷方金额											√
			亿	千	百	十	万	千	百	十	元	角	分	亿	千	百	十	万	千	百	十	元	角	分	
计提短期借款利息	财务费用	利息费							2	1	0	0	0												□
计提短期借款利息	应付利息																			2	1	0	0	0	□
																									□
																									□
																									□
																									□
合　计								¥	2	1	0	0	0						¥	2	1	0	0	0	□

附单据 1 张

会计主管:　　记账：　　出纳:　　复核:　　制单: 肖芳菲

单据 7-29　记账凭证

记　账　凭　证

记 字第18 号

2019 年07月24日

摘　要	总账科目	明细科目	借方金额											贷方金额											√
			亿	千	百	十	万	千	百	十	元	角	分	亿	千	百	十	万	千	百	十	元	角	分	
收到赵莉的罚款	库存现金								2	0	0	0	0												□
收到赵莉的罚款	营业外收入																			2	0	0	0	0	□
																									□
																									□
																									□
																									□
合　计								¥	2	0	0	0	0						¥	2	0	0	0	0	□

附单据 1 张

会计主管:　　记账：　　出纳:　　复核:　　制单: 肖芳菲

单据 7-30　记账凭证

记　账　凭　证

记 字第19 号

2019 年07月25日

摘　要	总账科目	明细科目	借方金额											贷方金额											√
			亿	千	百	十	万	千	百	十	元	角	分	亿	千	百	十	万	千	百	十	元	角	分	
偿还前欠货款	应付账款	宏利公司						3	3	9	0	0	0												□
偿还前欠货款	银行存款																		3	3	9	0	0	0	□
																									□
																									□
																									□
																									□
合　计							¥	3	3	9	0	0	0					¥	3	3	9	0	0	0	□

附单据 1 张

会计主管:　　记账：　　出纳:　　复核:　　制单: 肖芳菲

单据 7-31　记账凭证

记　账　凭　证

记　字第20　号

2019 年07月28日

摘　要	总账科目	明细科目	借方金额（亿千百十万千百十元角分）	贷方金额（亿千百十万千百十元角分）	√
收回大华公司欠货款	银行存款		56500000		☐
	应收账款	大华公司		56500000	☐
					☐
					☐
					☐
					☐
合　计			¥56500000	¥56500000	☐

附单据 1 张

会计主管:　　记账：　　出纳:　　复核:　　制单: 肖芳菲

单据 7-32　记账凭证

记　账　凭　证

记　字第21　号

2019 年07月28日

摘　要	总账科目	明细科目	借方金额（亿千百十万千百十元角分）	贷方金额（亿千百十万千百十元角分）	√
赊销乙产品	应收账款	大华公司	45200000		☐
赊销乙产品	主营业务收入			40000000	☐
赊销乙产品	应交税费	应交增值税		5200000	☐
					☐
					☐
					☐
合　计			¥45200000	¥45200000	☐

附单据 1 张

会计主管:　　记账：　　出纳:　　复核:　　制单: 肖芳菲

单据 7-33　记账凭证

记　账　凭　证

记　字第22　号

2019 年07月30日

摘　要	总账科目	明细科目	借方金额（亿千百十万千百十元角分）	贷方金额（亿千百十万千百十元角分）	√
王国立承担盘亏B材	其他应收款	王国立	22600		☐
料损失	待处理财产损溢			22600	☐
					☐
					☐
					☐
					☐
合　计			¥22600	¥22600	☐

附单据 1 张

会计主管:　　记账：　　出纳:　　复核:　　制单: 肖芳菲

单据 7-34　记账凭证

记 账 凭 证

记 字第23 号

2019 年07月30日

摘要	总账科目	明细科目	借方金额	贷方金额	√
通过政府捐款	营业外支出	捐赠支出	5000000		
	银行存款			5000000	
合计			¥5000000	¥5000000	

附单据 1 张

会计主管:　记账:　出纳:　复核:　制单: 肖芳菲

单据 7-35　记账凭证

记 账 凭 证

记 字第24 号

2019 年07月30日

摘要	总账科目	明细科目	借方金额	贷方金额	√
提取现金备发工资	库存现金		50000000		
	银行存款			50000000	
合计			¥50000000	¥50000000	

附单据 2 张

会计主管:　记账:　出纳:　复核:　制单: 肖芳菲

单据 7-36　记账凭证

记 账 凭 证

记 字第25 号

2019 年07月31日

摘要	总账科目	明细科目	借方金额	贷方金额	√
分配工资费用	生产成本	甲产品	15000000		
分配工资费用	生产成本	乙产品	10000000		
分配工资费用	制造费用	人工费	4000000		
分配工资费用	管理费用	人工费	15000000		
分配工资费用	销售费用	人工费	6000000		
分配工资费用	应付职工薪酬	工资		50000000	
合计			¥50000000	¥50000000	

附单据 1 张

会计主管:　记账:　出纳:　复核:　制单: 肖芳菲

单据 7-37 记账凭证

记 账 凭 证

记 字第26 号

2019 年07月31日

摘要	总账科目	明细科目	借方金额（亿千百十万千百十元角分）	贷方金额（亿千百十万千百十元角分）	√
计提折旧	制造费用	折旧费	1000000		□
计提折旧	管理费用	折旧费	300000		□
计提折旧	销售费用	折旧费	200000		□
计提折旧	累计折旧			1500000	□
					□
					□
合		计	¥1500000	¥1500000	□

附单据 1 张

会计主管: 记账: 出纳: 复核: 制单: 肖芳菲

单据 7-38 记账凭证

记 账 凭 证

记 字第27 号

2019 年07月31日

摘要	总账科目	明细科目	借方金额（亿千百十万千百十元角分）	贷方金额（亿千百十万千百十元角分）	√
结转制造费用	生产成本	甲产品	3000000		□
结转制造费用	生产成本	乙产品	2000000		□
结转制造费用	制造费用			5000000	□
					□
					□
					□
合		计	¥5000000	¥5000000	□

附单据 1 张

会计主管: 记账: 出纳: 复核: 制单: 肖芳菲

单据 7-39 产品销售成本汇总计算表

产品销售成本汇总计算表

2019年7月31日

单位：元

产品名称	单位	销售数量	单位成本	总销售成本	备注
甲产品	件	250	1000.00	250000.00	
乙产品	件	200	800.00	160000.00	
合 计		450		410000.00	

制单：冯大力

单据 7-40 记账凭证

记 账 凭 证

记 字第28 号

2019 年07月31日

摘要	总账科目	明细科目	借方金额	贷方金额	√
结转销售成本	主营业务成本		41000000		
结转销售成本	库存商品	甲产品		25000000	
结转销售成本	库存商品	乙产品		16000000	
合计			¥41000000	¥41000000	

附单据 1 张

会计主管： 记账： 出纳： 复核： 制单：肖芳菲

单据 7-41 记账凭证

记 账 凭 证

记 字第29 1/号

2019 年07月31日

摘要	总账科目	明细科目	借方金额	贷方金额	√
结转收益类账户	主营业务收入		90000000		
结转收益类账户	营业外收入		20000		
结转收益类账户	本年利润			90020000	
合计			¥90020000	¥90020000	

附单据 1 张

会计主管： 记账： 出纳： 复核： 制单：肖芳菲

单据 7-42 记账凭证

记 账 凭 证

记 字第29 2/号

2019 年07月31日

摘要	总账科目	明细科目	借方金额	贷方金额	√
结转成本类账户	本年利润		67934000		
结转成本类账户	主营业务成本			41000000	
结转成本类账户	管理费用			15713000	
结转成本类账户	销售费用			6200000	
结转成本类账户	财务费用			21000	
结转成本类账户	营业外支出			5000000	
合计			¥67934000	¥67934000	

附单据 张

会计主管： 记账： 出纳： 复核： 制单：

单据7-43　记账凭证

记 账 凭 证

记 字第30 号

2019 年07月31日

摘要	总账科目	明细科目	借方金额	贷方金额	√
计提所得税	所得税费用		5521500		
计提所得税	应交税费	应交所得税		5521500	
合		计	¥5521500	¥5521500	

附单据 1 张

会计主管:　　记账:　　出纳:　　复核:　　制单: 肖芳菲

单据7-44　记账凭证

记 账 凭 证

记 字第31 号

2019 年07月31日

摘要	总账科目	明细科目	借方金额	贷方金额	√
结转所得税费用	本年利润		5521500		
结转所得税费用	所得税费用			5521500	
合		计	¥5521500	¥5521500	

附单据 1 张

会计主管:　　记账:　　出纳:　　复核:　　制单: 肖芳菲

单据7-45　记账凭证

记 账 凭 证

记 字第32 号

2019 年07月31日

摘要	总账科目	明细科目	借方金额	贷方金额	√
结转本年利润	本年利润		165564500		
结转本年利润	利润分配			165564500	
合		计	¥165564500	¥165564500	

附单据 1 张

会计主管:　　记账:　　出纳:　　复核:　　制单: 肖芳菲

单据 7-46　增值税专用发票

1100164101　　**黑龙江增值税专用发票**　　№00160235　　1100164101　00160235

发票联

校验码 12739 39721 12671 33427　　开票日期：2019年06月10日

购买方	名　称：新星实业有限责任公司 纳税人识别号：32080010422006571N 地址、电话：佳木斯市郊区通江路12号 0454-86557233 开户行及账号：中国工商银行佳木斯市东风支行 0904023092461835041				密码区	03/50/*36677-*8*42<-087*6591 *><360892/+54151*7>5/27/-880 36<6985**445810**-+4<-/6+/7+ 1><8793*6501794+19>51795**+<*	
货物或应税劳务、服务名称	规格型号	单位	数量	单价	金额	税率	税额
*文具*文件夹		本	10	10	100.00	13%	13.00
*文具*订书器		支	10	20	200.00	13%	26.00
*文具*计算器		台	2	240	480.00	13%	62.40
合　计					¥780.00		¥101.40
价税合计（大写）	⊗捌佰捌拾壹元肆角整				（小写）¥881.40		
销售方	名　称：佳木斯文化用品商店 纳税人识别号：258291040021411238 地址、电话：佳木斯市向阳区长安路11号 0454-86776699 开户行及账号：中国建设银行佳木斯市向阳支行 0904022309246180869				备注	佳木斯文化用品商店 258291040021411238 发票专用章	

收款人：　　复核：　　开票人：杨坤　　销售方：（章）

税总函〔2018〕982号海南华森实业公司

第三联：发票联　购买方记账凭证

单据 7-47　转账支票存根

中国工商银行
转账支票存根

30909320
20617230

附加信息

出票日期 2019 年 06 月 10 日

收款人：佳木斯文化用品商店

金　额：¥881.40

用　途：购办公用品

单位主管　　会计

上海金达证券印制有限公司・2012 年印制

单据 7-48　借款单

借　款　单

2019 年 06 月 12 日

借款部门	供应科	姓名	周涛		事由	采购材料	
借款金额（大写）		零万　叁仟　零佰　零拾　零元　零角　零分　¥3,000.00					
领导审批	王林	财务审批	周明	部门审批	肖鹏	出纳付款	林静
借款人			备注			现金付讫	

单据 7-49　银行进账单

ICBC 中国工商银行　　进账单（收账通知）3

2019 年 06 月 16 日　　№

出票人	全　称	方正公司	收款人	全　称	新星实业有限责任公司
	账　号	2300011700325100428		账　号	中国工商银行佳木斯市东风支行
	开户银行	中国建设银行台州市中山支行		开户银行	0904023092461835041
金额	人民币（大写）	贰万伍仟元整		亿千百十万千百十元角分	¥ 2 5 0 0 0 0 0
票据种类	转账支票	票据张数	1张		
票据号码					
备注：					
复核：	记账：			收款人开户银行签章	

中国工商银行佳木斯市东风支行 业务专用章 （1）

此联是收款人开户银行交给收款人的收账通知

175×85mm GH066011

单据 7-50　增值税专用发票

1100563342　　黑龙江增值税专用发票　　№23910016　　1100563342 23910016

发票联

校验码 24697 90969 00988 46257　　开票日期：2019年06月30日

购买方	名　称：新星实业有限责任公司 纳税人识别号：32080010422006571N 地址、电话：佳木斯市郊区通江路12号 0454-86557233 开户行及账号：中国工商银行佳木斯市东风支行 0904023092461835041			密码区	03/50/*36677-*8*42<-087*6591 *><360892/+54151*7>5/27/-880 36<6985**445810**-+4<-/6+/7+ 1><8793*6501794+19>51795*+<*		
货物或应税劳务、服务名称	规格型号	单位	数量	单价	金额	税率	税额
*通信服务*电话费				458.72	458.62	9%	41.28
合　计					¥458.62		¥41.28
价税合计（大写）	⊗伍佰元整				（小写）¥500.00		
销售方	名　称：中国移动黑龙江分公司 纳税人识别号：3208001356012201224 地址、电话：佳木斯市郊区通江路139号 0454-86772133 开户行及账号：中国工商银行佳木斯市东风支行 09804022378123511006			备注			

收款人：　　复核：　　开票人：张静　　销售方：（章）

中国移动黑龙江分公司 3208001356012201224 发票专用章

第三联：发票联 购买方记账凭证

税总函［2018］982号海南华森实业公司

单据 7-51　转账支票存根联

中国工商银行
转账支票存根
30909320
20617230

附加信息

出票日期 2019 年 06 月 30 日

收款人：中国移动黑龙江分公司

金　额：¥500.00

用　途：付固定电话费

单位主管　　会计 王依

上海金达证券印制有限公司·2012 年印制

单据 7-52　银行信汇凭证

中国工商银行信汇凭证（回单）　　1

委托日期 2019 年 06 月 30 日

汇款人	全　称	新星实业有限责任公司	收款人	全　称	光明公司
	账　号	0904023092461835041		账　号	3700022609003636655
	汇出地点	黑龙江 省 佳木斯 市/县		汇入地点	山东 省 青岛 市/县
汇出行名称		中国工商银行佳木斯市东风支行	汇入行名称		中国工商银行青岛市站东支行

金额	人民币（大写）	亿	千	百	十	万	千	百	十	元	角	分
	伍万元整				¥	5	0	0	0	0	0	0

中国工商银行佳木斯市东风支行 业务专用章 (1)

汇出行签章

支付密码

附加信息及用途：

预付货款

此联汇出行给汇款人的回单

单据 7-53　记账凭证

记　账　凭　证

记 字第001 号

2019 年 06 月 12 日

摘　要	总账科目	明细科目	借方金额											贷方金额											√
			亿	千	百	十	万	千	百	十	元	角	分	亿	千	百	十	万	千	百	十	元	角	分	
购办公用品	管理费用	办公费							8	8	1	4	0												□
购办公用品	银行存款																			8	8	1	4	0	□
																									□
																									□
																									□
																									□
合		计						¥	8	8	1	4	0						¥	8	8	1	4	0	□

附单据 1 张

会计主管：　　记账：　　出纳：　　复核：　　制单：赵莉莉

单据 7-54　记账凭证

记　账　凭　证

记 字第002 号

2019 年06月12日

摘　要	总账科目	明细科目	借方金额（亿千百十万千百十元角分）	贷方金额（亿千百十万千百十元角分）	√
预借差旅费	管理费用	差旅费	30000		□
预借差旅费	库存现金			30000	□
					□
					□
					□
					□
合　计			¥30000	¥30000	□

附单据 1 张

会计主管:　　记账：　　出纳:　　复核:　　制单: 赵莉莉

单据 7-55　记账凭证

记　账　凭　证

记 字第003 号

2019 年06月16日

摘　要	总账科目	明细科目	借方金额（亿千百十万千百十元角分）	贷方金额（亿千百十万千百十元角分）	√
收回货款	银行存款		2500000		□
收回货款	应付账款	方正公司		2500000	□
					□
					□
					□
					□
合　计			¥2500000	¥2500000	□

附单据 1 张

会计主管:　　记账：　　出纳:　　复核:　　制单: 赵莉莉

单据 7-56　记账凭证

记　账　凭　证

记 字第004 号

2019 年06月30日

摘　要	总账科目	明细科目	借方金额（亿千百十万千百十元角分）	贷方金额（亿千百十万千百十元角分）	√
支付话费	管理费用	电话费	500000		□
支付话费	银行存款			500000	□
					□
					□
					□
					□
合　计			¥500000	¥500000	□

附单据 1 张

会计主管:　　记账：　　出纳:　　复核:　　制单: 赵莉莉

单据7-57　记账凭证

记　账　凭　证

记　字第005　号

2019　年06月30日

摘　要	总账科目	明细科目	借方金额	贷方金额	√
预付货款	预付账款	光明公司	500000		□
预付货款	银行存款			500000	□
					□
					□
					□
					□
合　计			¥500000	¥500000	□

附单据 1 张

会计主管:　记账:　出纳:　复核:　制单: 赵莉莉

单据7-58　管理费用明细账

管理费用明细账

一级科目 管理费用

2019年 月	日	凭证号数	摘　要	借　方	贷　方	余　额	办公费	差旅费	职工薪酬	
06	10	001	办公费				88140			
06	12	002	预付差旅费					30000		
06	30	004	电话费				500000			

单据7-59　库存现金日记账

库存现金日记账

第＿＿页

2019年 月	日	凭证 种类	号数	摘　要	借　方	贷　方	余　额	核对
				承前页			420000	□
06	12	记	002	预付差旅费		30000	390000	□
								□
								□

单据 7-60　银行存款日记账

第 ____ 页

银行存款日记账

开户行：

账　号：

2019 年 月	日	凭证 种类	号数	摘 要	借 方（亿千百十万千百十元角分）	贷 方（亿千百十万千百十元角分）	余 额（亿千百十万千百十元角分）	核对
				承前页			16690000	☐
06	10	记	001	购买办公用品		88140	16601860	☐
06	16	记	003	收回货款	2500000		19101860	☐
06	30	记	004	支付电话费		500000	18601860	☐
06	30	记	005	预付货款		500000	18101860	☐
								☐
								☐

单据 7-61　应付账款明细账

分页：________ 总页：________

应付账款　　明　细　账

一级科目 应付账款　　　　二级科目 方正公司

2019 年 月	日	凭证 种类	号数	摘 要	√	借 方（亿千百十万千百十元角分）	贷 方（亿千百十万千百十元角分）	借或贷	余 额（亿千百十万千百十元角分）
				承前页				贷	5000000
06	16	记	003	收回货款			2500000		

单据 7-62　预付账款明细账

分页：________ 总页：________

预付账款　　明　细　账

一级科目 预付账款　　　　二级科目 光明公司

2019 年 月	日	凭证 种类	号数	摘 要	√	借 方（亿千百十万千百十元角分）	贷 方（亿千百十万千百十元角分）	借或贷	余 额（亿千百十万千百十元角分）
06	30	记	005	预付货款		500000		借	500000

单据 7-63　应收账款明细账

分页：________ 总页：________

应收账款　　明　细　账

一级科目 应收账款　　　　二级科目 方正公司

2019 年 月	日	凭证 种类	号数	摘 要	√	借 方（亿千百十万千百十元角分）	贷 方（亿千百十万千百十元角分）	借或贷	余 额（亿千百十万千百十元角分）
				承前页				借	5000000

单据7-64 应交税费——应交增值税明细账

应交税费——应交增值税明细账

分页：______ 总页：______

转出未交增值税	贷方：合计	贷方：销项税额	贷方：出口退税	贷方：进项税额转出	贷方：转出多交增值税	借或贷	余额
						贷	358000

单据8-1 银行存款日记账

第______页

银行存款日记账

开户行：

账 号：

2019年 月	日	凭证 种类	凭证 号数	摘要	借方	贷方	余额	核对
				……				□
06	30			本月合计	86000000	53000000	33000000	□
07	02	记	03	付广告费		3000000	30000000	□
07	06	记	10	代付运费		200000	29800000	□
07	09	记	16	预收货款	10000000		39800000	□
07	16	记	29	付维修费		500000	39300000	□
07	24	记	30	提取现金		2000000	37300000	□
07	31	记	32	补收货款	585000		37885000	□
								□

单据8-2 银行对账单

邮　　编

存款人地址

存款人名称

中国工商银行（ 东风支行 ）对账单

STATEMENT OF ACCOUNT

机构　　　　币种　　　　第　　页

账号 00386527　　　　单位名称 永胜公司

2019年 日期	摘要	凭证种类	凭证号码	发生额 借方	发生额 贷方	余额	记账部门	流水号
06.30				530000.00	860000.00	330000.00		
07.02	付广告费	转支	010	30000.00		300000.00		
07.06	收回货款	电汇	036		80000.00	380000.00		
07.09	预付货款	转支	022		100000.00	480000.00		
07.24	提取现金	现支	001	20000.00		460000.00		
07.24	利息收入				600.00	460600.00		
07.31	付购料款	电汇	068	50000.00		410600.00		

单据 8-3 银行存款余额调节表

银行存款余额调节表

开户银行： 账号： 2019 年 07 月 31 日止

摘 要	凭证号	金额（十亿千百十万千百十元角分）	摘 要	凭证号	金额（十亿千百十万千百十元角分）
《银行存款日记账》余额			《银行对账单》余额		
加：银行已收,企业未收;			加：企业已收,银行未收;		
1			1		
2			2		
3			3		
4			4		
5			5		
6			6		
7			7		
减：银行已付,企业未付;			减：企业已付,银行未付;		
1			1		
2			2		
3			3		
4			4		
5			5		
6			6		
7			7		
8			8		
9			9		
10			10		
11			11		
12			12		
调节后余额			调节后余额		

财务主管： 制表：

单据 8-4 原材料明细账（永续盘存制）

原材料 明 细 账

分页 ………… 总页 …………

编号 名称 ………… 存放地点 ………… 寄存放地点 ………… 计量单位 ………… 规格 ………… 类别 …………

年		凭证字号	摘 要	收 入			发 出			结 存		
月	日			数量	单价	金额（亿千百十万千百十元角分）	数量	单价	金额（亿千百十万千百十元角分）	数量	单价	金额（亿千百十万千百十元角分）

单据 8-5 原材料明细账（实地盘存制）

原材料 明 细 账

分页 ………… 总页 …………

编号 名称 ………… 存放地点 ………… 寄存放地点 ………… 计量单位 ………… 规格 ………… 类别 …………

年		凭证字号	摘 要	收 入			发 出			结 存		
月	日			数量	单价	金额（亿千百十万千百十元角分）	数量	单价	金额（亿千百十万千百十元角分）	数量	单价	金额（亿千百十万千百十元角分）

单据 10-1　借款单

借 款 单

2019 年 12 月 01 日

借款部门	销售部		姓名	张超		事由	去哈尔滨参加洽谈会
借款金额（大写）	零万　壹仟　零佰　零拾　零元　零角　零分　¥ 1,000.00						
领导审批	宋佳	财务审批	王力	部门审批	王微	出纳付款	肖芳
借款人		张超		备注		现金付讫	

单据 10-2　收款收据

收 款 收 据

NO. 1210001

2019 年 12 月 01 日

今 收 到　丰盈公司投资款

金额（大写）　零佰　伍拾　零万　零仟　零佰　零拾　零元　零角　零分

¥ 500,000.00　　☐ 现金　☑ 支票　☐ 信用卡　☐ 其他　　收款单位（盖章）　庆华有限责任公司 财务专用章

核准　　会计　　记账　　出纳 肖芳　　经手人 李萍

第三联 会计联

单据 10-3　进账单（收账通知）

ICBC 中国工商银行　　进账单（收账通知）3

2019 年 12 月 01 日　　№

出票人	全　称	丰盈公司	收款人	全　称	庆华有限责任公司
	账　号	0904023092325100341		账　号	0904021309248180435
	开户银行	中国工商银行佳木斯市南岗支行		开户银行	中国工商银行佳木斯市东风支行

金额	人民币（大写） 伍拾万元整	亿	千	百	十	万	千	百	十	元	角	分
				¥	5	0	0	0	0	0	0	0

票据种类	转账支票	票据张数	1张
票据号码			

备注：

复核：　　记账：

中国工商银行佳木斯市东风支行 业务专用章 (1)

收款人开户银行签章

此联是收款人开户银行交给收款人的收账通知

175*85mm GH 066011

单据 10-4　电子缴税付款凭证

中国工商银行电子缴税付款凭证

缴税日期：2019年12月01日　　　　凭证字号：2016120104823567

纳税人全称及纳税人识别号：庆华有限责任公司 23080010004228812N

付款人全称：庆华有限责任公司

付款人账号：0904021309248180435　　　　征收机关名称：佳木斯市东风区税务局

付款人开户行：中国工商银行佳木斯市东风支行　　　　收款国库（银行）名称：国家金库佳木斯市东风区代理支库

小写（合计）金额：¥10000.00　　　　缴款书交易流水号：W13215678324

大写（合计）金额：人民币壹万元整　　　　税票号码：W13215678324

税（费）种名称	所属日期	实缴金额（单位：元）
城市建设维护税	20191101-20191130	7000.00
教育费附加	20191101-20191130	3000.00

中国工商银行佳木斯市东风支行 业务专用章 (1)

打印时间：2019年12月01日

客户回单联　　　　验证码：　　　　复核：　　　　记账：

单据 10-5　电子缴税付款凭证

中国工商银行电子缴税付款凭证

缴税日期：2019年12月01日　　　　凭证字号：2016120104823568

纳税人全称及纳税人识别号：庆华有限责任公司 23080010004228812N

付款人全称：庆华有限责任公司

付款人账号：0904021309248180435　　　　征收机关名称：佳木斯市东风区税务局

付款人开户行：中国工商银行佳木斯市东风支行　　　　收款国库（银行）名称：国家金库佳木斯市东风区代理支库

小写（合计）金额：¥32685.00　　　　缴款书交易流水号：W13215678325

大写（合计）金额：人民币叁万贰仟陆佰捌拾伍元整　　　　税票号码：W13215678325

税（费）种名称	所属日期	实缴金额（单位：元）
增值税	20191101-20191130	32685.00

中国工商银行佳木斯市东风支行 业务专用章 (1)

打印时间：2019年12月01日

客户回单联　　　　验证码：　　　　复核：　　　　记账：

单据 10-6　电子缴税付款凭证

中国工商银行电子缴税付款凭证

缴税日期：2019年12月01日　　　　凭证字号：2016120104823569

纳税人全称及纳税人识别号：庆华有限责任公司 23080010004222812N

付款人全称：庆华有限责任公司

付款人账号：0904021309248180435　　　　征收机关名称：佳木斯市东风区税务局

付款人开户行：中国工商银行佳木斯市东风支行　　　　收款国库（银行）名称：国家金库佳木斯市东风区代理支库

小写（合计）金额：¥20000.00　　　　缴款书交易流水号：W13215678326

大写（合计）金额：人民币贰万元整　　　　税票号码：W13215678326

税（费）种名称	所属日期	实缴金额（单位：元）
企业所得税	20191101-20191130	20000.00

（印章：中国工商银行佳木斯市东风支行 业务专用章 (1)）

打印时间：2019年12月01日

客户回单联　　　　验证码：　　　　复核：　　　　记账：

单据 10-7　借款凭证

中国工商银行借款凭证

① No.2940325

2019 年 12 月 01 日

借款人	庆华有限责任公司	贷款账号	2001254585120	存款账号	0904021309248180435
贷款金额	人民币壹拾万元整	亿 千 百 十 万 千 百 十 元 角 分	¥ 1 0 0 0 0 0 0 0		
用途	周转借款	期限	约定还款日期	2020.09.02	
		9个月	贷款利率 3.6%	借款合同号码	3435

上列贷款已转入借款人指定的账户。

（印章：中国工商银行佳木斯市东风支行 业务专用章 (1)）

复核　　　　记账

第一联　回单

CH 087912

单据 10-8　银行业务回单（收款）

ICBC 中国工商银行　业务回单（收款）

日期：2019年 12月 01日　回单编号：1534900002

付款人户名：	付款人开户行：
付款人账号（卡号）：	
收款人户名：庆华有限责任公司	收款人开户行：中国工商银行佳木斯市东北支行
收款人账号（卡号）：0904021309248180435	
金额：壹拾贰万元整	小写：100000.00元
业务（产品）种类：结算业务凭证　凭证种类：000000000	凭证号码：0000000000000000
摘要：周转借款　用途：	币种：人民币
交易机构：0410000292　记账柜员：03741　交易代码：02108	渠道：柜面
产品名称：　费用名称：	
应收金额：100000.00　实收金额：100000.00　收费渠道：	

本回单为第一次打印，注意重复打印日期：2019年 12月 01日　打印柜员：9　验证码：0A87640EF006

（印章：中国工商银行佳木斯市东风支行 业务专用章（1））

单据 10-9　政府非税收入专用票据

政府非税收入专用票据　No.:1967813

注册号码：黑 财[2019]票字第02号（印章：财政部监制）　票据类型：

2019年 12月 01日　数字指纹：

缴款单位(或缴款人)	庆华有限责任公司	执收单位编码	23145635	收费许可证 002 字第280099 号	
项目编码	收费项目	计费数量	收费标准	金额	备注
	垃圾处理费	1	6,000.00	6,000.00	2019年全年
人民币(大写)合计：陆仟元整				¥:6,000.00	

收费单位(公章)：　开票卡号：　收款人：王长林　开票人：

第一联：收据

（印章：佳木斯市郊区建设与环境卫生管理局 财务专用章）

电脑打印　手写无效

单据 10-10　转账支票存根联

中国工商银行
转账支票存根
30909324
01456300

附加信息

出票日期 2019 年 12 月 01 日
收款人：佳木斯市郊区建设与环境卫生管理局
金　额：¥6000.00
用　途：支付垃圾处理费

单位主管　会计

上海金达证券印制有限公司·2012 年印制

单据 10-11　收料单（会计联）

收料单

供货单位：浩源公司　　　　　　　　　　　　　　　　　　　编号：007

发票编号：　　　　　　2019 年　12 月　01 日　　　　　　　仓库：1号

材料类别	材料编号	材料名称	规格	计量单位	数量		金额		
					应收	实收	单价	买价	合计
主要材料	001	A材料		kg	480	480	20.00	9600.00	9600.00

会计联

会计主管　　　　会计　　　　审核　　　　记账　　　　收料

单据 10-12　增值税专用发票

9972064841　　　　黑龙江增值税专用发票　　　　№43098062　　9972064841 43098062

发票联

校验码 94730 73948 67749 93037　　　　　　　　　　开票日期：2019年12月02日

购买方	名　称：庆华有限责任公司 纳税人识别号：23080010004228812N 地址、电话：佳木斯市郊区机场路66号 0454-86553728 开户行及账号：中国工商银行佳木斯市东风支行 0904021309248180435				密码区	-65745<19458<3840481700**01 5/37503848*7>234504>-00*002 2//5>*8574567-7<8*87309-891 <413-3001152-/7142>>8088023	
货物或应税劳务、服务名称	规格型号	单位	数量	单价	金额	税率	税额
*服装*工作服	kk-23	套	20	120.00	2400.00	13%	312.00
合　计					¥2400.00		¥312.00
价税合计（大写）	⊗贰仟柒佰壹拾贰元整				（小写）¥2712.00		
销售方	名　称：优艺服装公司 纳税人识别号：9123080037122N9807 地址、电话：佳木斯市郊区长青路18路 0454-87333450 开户行及账号：中国工商银行通江支行佳木斯通江支行 6523170050112851122				备注		

收款人：　　　复核：　　　开票人：叶小清　　　销售方：（章）

第三联：发票联　购买方记账凭证

税总函［2018］982 号海南华森实业公司

单据 10-13　进账单（收账通知）

ICBC 中国工商银行　　　　进账单（收账通知）3

2019 年 12 月 03 日　　　　　　　　№

出票人	全　称	利拓有限责任公司	收款人	全　称	庆华有限责任公司
	账　号	2300012300325100132		账　号	0904021309248180435
	开户银行	中国工商银行芜湖市银杏支行		开户银行	中国工商银行佳木斯市东风支行
金额	人民币（大写）	肆万陆仟捌佰元整		亿千百十万千百十元角分	¥4680000
票据种类	银行汇票	票据张数	1张		
票据号码					
备注：					
复核：　　记账：				收款人开户银行签章	

此联是收款人开户银行交给收款人的收账通知

175*85mm GH066011

单据 10-14　增值税专用发票

1800174130　　黑龙江增值税专用发票　　№00380413　　1800174130 00380413

校验码 12791 30137 92703 71393　　此联不作报销、扣税凭证使用　　开票日期：2019年12月04日

购买方	名称：秋实公司 纳税人识别号：658631040021312002 地址、电话：大连市西岗区大胜街38号 0411-88235166 开户行及账号：中国建设银行大连市西岗支行 4016168846080910031	密码区	-65745<19458<3840481700**01 5/37503848*7>234504>-00*002 2//5>*8574567-7<8*87309-891 <413-3001152-/7142>>8088023

货物或应税劳务、服务名称	规格型号	单位	数量	单价	金额	税率	税额
*日用杂品*甲产品		件	2000	150.00	300000.00	13%	39000.00
*日用杂品*乙产品		件	1000	200.00	200000.00	13%	26000.00
合计					¥500000.00		¥65000.00
价税合计（大写）	⊗伍拾陆万伍仟元整				（小写）¥565000.00		

销售方	名称：庆华有限责任公司 纳税人识别号：23080010004228812N 地址、电话：佳木斯市郊区机场路66号 0454-86553728 开户行及账号：中国工商银行佳木斯市东风支行 0904021309248180435	备注	

收款人：　　复核：　　开票人：尚芳　　销售方：（章）

税总函[2018] 562 号海南华森实业公司

第一联：记账联　销售方记账凭证

单据 10-15　出库单

出　库　单

领料车间(部门)：秋实公司　　2019 年 12 月 04 日　　编号：00161

产品名称	规格	计量单位	数量		成本		备注
			请领	实发	单位成本	金额	
甲产品		件	2000	2000	100	200000	销售
乙产品		件	1000	1000	150	150000	销售
合计						350000	

记账：　　发料：沈健　　领料负责人：张春　　领料：刘淑仁

会计联

单据 10-16　托收凭证

托收凭证　（受理回单）　1

委托日期　2019年 12月 04日

业务类型	委托收款（□邮划、☑电划）　托收承付（□邮划、□电划）				
付款人	全称：秋实公司 账号：4016168846080910031 地址：辽宁 省 大连 市/县　开户行：中国建设银行大连市西岗支行		收款人	全称：庆华有限责任公司 账号：0904021309248180435 地址：黑龙江 省 佳木斯 市/县　开户行：中国工商银行佳木斯市东风支行	
金额	人民币（大写）伍拾陆万伍仟元整			亿 千 百 十 万 千 百 十 元 角 分 ¥ 5 6 5 0 0 0 0 0	
款项内容	货款	托收凭据名称	增值税专用发票	附寄单证张数	1
商品发运情况	货物已托运		合同名称号码		
备注： 复核　记帐	款项收妥日期 年　月　日		收款人开户银行签章 年　月　日		

此联作收款人开户银行给收款人的受理回单

单据 10-17　银行业务回单（付款）

ICBC 中国工商银行　业务回单（付款）

日期：2019年 12月 05日　回单编号：1534900002

付款人户名：庆华有限责任公司　付款人开户行：中国工商银行佳木斯市东风支行

付款人账号（卡号）：0904021309248180435

收款人户名：　收款人开户行：

收款人账号（卡号）：

金额：柒拾元整　小写：70.00元

业务（产品）种类：结算业务凭证　凭证种类：000000000　凭证号码：00000000000000000

摘要：购买支票　用途：　币种：人民币

交易机构：0410000292　记账柜员：03741　交易代码：02108　渠道：

产品名称：　费用名称：

应收金额：70.00　实收金额：70.00　收费渠道：

本回单为第一次打印，注意重复打印日期：2019年 12月 05日　打印柜员：9　验证码：0A87640EF006

中国工商银行佳木斯市东风支行 业务专用章 (1)

单据 10-18　借款单

借　款　单

2019 年 12月05 日

借款部门	总经办	姓名	宋佳		事由	去北京开会	
借款金额（大写）		零万 叁仟 零佰 零拾 零元 零角 零分 ¥3,000.00					
领导审批	宋佳	财务审批	王力	部门审批	常英俊	出纳付款	肖芳
借款人		宋佳		备注		现金付讫	

单据 10-19　转账支票存根联

中国工商银行
转账支票存根
30909320
20617230
附加信息

出票日期2019年12月06日
收款人：新意广告公司
金　额：¥2120.00
用　途：制作宣传单
单位主管　会计

上海金达证券印制有限公司·2012年印制

单据 10-20　转账支票存根联

中国工商银行
转账支票存根

30909320

20617230

附加信息

出票日期 2019 年 12 月 06 日

收款人:	广浩建筑工程公司
金　额:	¥65400.00
用　途:	付装修费

单位主管　　会计

上海金达证券印刷有限公司・2012 年印制

单据 10-21　增值税专用发票

0019300124　　黑龙江增值税专用发票　　№44029202　　0019300124 44029202

发票联

校验码 93849 53802 92390 99302

开票日期:2019年12月06日

购买方	名　　称:庆华有限责任公司 纳税人识别号:23080010004228812N 地 址、电 话:佳木斯市郊区机场路66号 0454-86553728 开户行及账号:中国工商银行佳木斯市东风支行 0904021309248180435	密码区: -65745<19458<3840481700**01 5/37503848*7>234504>-00*002 2//5>*8574567-7<8*87309-891 <413-3001152-/7142>>8088023

货物或应税劳务、服务名称	规格型号	单位	数量	单价	金额	税率	税额
*建筑服务*粉刷墙壁				60000.00	60000.00	9%	5400.00
合计					¥60000.00		¥5400.00
价税合计（大写）	⊗陆万伍仟肆佰元整				（小写）¥65400.00		

销售方	名　　称:广浩建筑工程公司 纳税人识别号:912308003787738829 地 址、电 话:佳木斯市郊区长青路999路 0454-87333369 开户行及账号:中国工商银行佳木斯市通江支行 6523170050112853344	备注: （广浩建筑工程公司 912308003787738829 发票专用章）

收款人:　　复核:　　开票人:吴佳佳　　销售方:（章）

税总函[2018]982号海南华森实业公司

第三联:发票联 购买方记账凭证

单据 10-22 增值税专用发票

00284934 **黑龙江增值税专用发票** №92385233 00284934 92385233

校验码 39058 33852 48524 53900 发票联 开票日期：2019年12月07日

购买方	名　称：庆华有限责任公司 纳税人识别号：23080010004228812N 地址、电话：佳木斯市郊区机场路66号 0454-86553728 开户行及账号：中国工商银行佳木斯市东风支行 0904021309248180435			密码区	-65745<19458<3840481700**01 5/37503848*7>234504>-00*002 2//5>*8574567-7<8*87309-891 <413-3001152-/7142>>8088023		
货物或应税劳务、服务名称	规格型号	单位	数量	单价	金额	税率	税额
*纺织专用设备*生产设备	FDF00093	台	1	600000.00	600000.00	13%	78000.00
合计					¥600000.00		¥78000.00
价税合计（大写）	⊗陆拾柒万捌仟元整				（小写）¥678000.00		
销售方	名　称：丰盈公司 纳税人识别号：912308002209110199 地址、电话：佳木斯市郊区长青路73路 0454-87333377 开户行及账号：中国工商银行佳木斯市通江支行 6523170050112778899			备注			

收款人：　复核：　开票人：吕静　销售方：（章）

第三联：发票联 购买方记账凭证

税总函［2018］982号海南华森实业公司

单据 10-23 固定资产验收单

固定资产验收单

2019 年 12 月 07 日

资产编号	201912001	资产名称	生产设备	型号规格	FDF00093
供应商名称	丰盈公司				
购入日期	2019年12月07日	安装完成日期	2019年12月07日		
金额大写	人民币陆拾柒万捌仟元整	小写	¥678000.00		
验收结果	合格	验收日期	2019年12月07日		
采购部门		资产管理人	沈健		
使用部门		财务审核	肖芳		

备注：
系丰盈公司作为投资投入的生产设备。

单据 10-24 转账支票存根联

中国工商银行
转账支票存根
30909324
01456301

附加信息

出票日期 2019 年 12 月 07 日

收款人：优势有限责任公司

金　额：¥23400.00

用　途：支付货款

单位主管　会计

上海金达证券印制有限公司·2012 年印制

单据 10-25　增值税专用发票

1100174130　　黑龙江增值税专用发票　　№00193652　　1100174130 00193652

发票联

校验码 12791 30137 92703 71393　　开票日期：2019年12月08日

购买方	名称：庆华有限责任公司 纳税人识别号：230800100004228812N 地址、电话：佳木斯市郊区机场路66号 0454-86553728 开户行及账号：中国工商银行佳木斯市东风支行 0904021309248180435				密码区	-65745<19458<38404817111112 5/37503848*7>234504>-777707 2//5>*8574567-7<8*873888878 <413-3001152-/7142>>8000056	
货物或应税劳务、服务名称	规格型号	单位	数量	单价	金额	税率	税额
*化学合成材料*A材料		kg	500	20.00	10000.00	13%	1300.00
*化学合成材料*B材料		kg	400	50.00	20000.00	13%	2600.00
合计					¥30000.00		¥3900.00
价税合计（大写）	⊗叁万叁仟玖佰元整				（小写）¥33900.00		
销售方	名称：佳木斯市前进建材厂 纳税人识别号：458391040022355661 地址、电话：佳木斯市星谷区红旗中路26号 0454-22364733 开户行及账号：中国工商银行佳木斯市荷塘支行 0731024001531235528				备注		

收款人：张俊　　复核：肖玉良　　开票人：杨芳　　销售方：（章）

税总函［2018］982号海南华森实业公司

第三联：发票联　购买方记账凭证

单据 10-26　收料单（会计联）

收料单

供货单位：佳木斯市前进建材厂　　编号：0003

发票编号：00193652　　2019 年 12 月 08 日　　仓库：1号

材料类别	材料编号	材料名称	规格	计量单位	数量		金额		
					应收	实收	单价	买价	合计
主要材料	001	A材料		kg	500	500	20.00	10000.00	10000.00
主要材料	002	B材料		kg	400	400	50.00	20000.00	20000.00
									30000.00

会计联

会计主管　　会计　　审核　　记账　　收料 沈健

单据 10-27　转账支票存根联

中国工商银行
转账支票存根
30909320
20617230

附加信息

出票日期2019年12月08日

收款人：佳木斯市前进建材厂

金　额：¥33900.00

用　途：购买材料

单位主管　　会计

上海金达证券印制有限公司·2012年印制

单据 10-28　增值税专用发票

0298938983

黑龙江增值税专用发票

发 票 联

№203990392

0298938983

203990392

校验码 83223 00383 73847 85747

开 票 日 期：2019年12月09日

税总函〔2018〕982号海南华森实业公司

购买方	名　　称：庆华有限责任公司 纳税人识别号：23080010004228812N 地 址、电 话：佳木斯市郊区机场路66号 0454-86553728 开户行及账号：中国工商银行佳木斯市东风支行 0904021309248180435			密码区	-65745<19458<3840481700**01 5/37503848*7>234504>-00*002 2//5>*8574567-7<8*87309-891 <413-3001152-/7142>>8088023		
货物或应税劳务、服务名称	规格型号	单位	数量	单价	金额	税率	税额
*设计服务*宣传单				2000.00	2000.00	6%	120.00
合　　计					¥2000.00		¥120.00
价税合计（大写）	⊗贰仟壹佰贰拾元整				（小写）¥2120.00		
销售方	名　　称：新意广告公司 纳税人识别号：912308002209666333 地 址、电 话：佳木斯市郊区长青路123路 0454-87333999 开户行及账号：中国工商银行佳木斯市通江支行 6523170050112333666			备注			

收款人：　　复核：　　开票人：李奇　　销售方：（章）

第三联：发票联　购买方记账凭证

新意广告公司 912308002209666333 发票专用章

单据 10-29　电汇凭证

电 汇 凭 证

币别：　　2019 年 12月 10日　　流水号：

汇款方式	☑普通	☐加急			
汇款人	全　称	庆华有限责任公司	收款人	全　称	优艺服装公司
	账　号	0904021309248180435		账　号	6523170050112851122
	汇出行名称	中国工商银行佳木斯市东风支行		汇入行名称	中国工商银行佳木斯市通江支行
金额	（大写）贰仟柒佰壹拾贰元整			亿千百十万千百十元角分	¥271200
		支付密码			
		附加信息及用途：货款			

中国工商银行佳木斯市东风支行 业务专用章（1）

客户签章

会计主管　　授权　　复核　　录入

第二联　客户回单

单据10-30　差旅费报销单

差旅费报销单

报销部门：销售部　　　　2019年　12月　10日

姓名		张超	职务		销售员	出差事由		去哈尔滨参加洽谈会		
出差起止日期自2019年　12月　02日起至2019年　12月　05日共　4天　附单据　3张										
日期		起讫地点	差旅补助			交通费	住宿费	会务费	其他	小计
月	日		天数	标准	金额					
12	02	佳木斯-哈尔滨	1	180.00	180.00	100.00				280.00
12	05	哈尔滨-佳木斯	3	180.00	540.00	100.00	450.00			1090.00
		合计			720.00	200.00	450.00			1370.00
合计人民币(大写)壹仟叁佰柒拾元整								现金付讫		
预领金额：1000.0(元			交(退)回金额　　元			应补付金额	370.00元			

单位负责人：宋佳　　会计主管：王力　　部门主管：王微　　报销人：张超

单据10-31　固定资产盘点表

固定资产盘点表

2019年　12月　10日　　　　单位：元

固定资产类别		固定资产账面情况					存放地点	实际负责人	盘点结果						
		固定资产名称	数量	单价	金额	已折旧额			计量单位	数量	单价	金额	盘盈	盘亏	备注
生产用	在用	电脑	10	4000	40000	10000	办公室	李伟	台	5	4000	20000		√	丢失
	未用														
	不需用														
	季节性停用														
非生产用	在用														
	未用														
	不需用														
审批意见：									总经理：						

清查小组签字：孙凡花　　复核人：张丽　　填表人：王杰

单据 10-32　收款收据

收　款　收　据

NO.01456303

2019 年 12 月 10 日

今　收　到　庆华有限责任公司交来购办公椅款项。

金额（大写）　零佰　零拾　零万　壹仟　零佰　叁拾　零元　零角　零分

¥ 1, 030. 00　☑ 现金　☐ 支票　☐ 信用卡　☐ 其他

收款单位（盖章）　华办公用品公司　财务专用章

第二联收据联

核准　会计　记账　出纳 小王　经手人

单据 10-33　增值税普通发票

1100174330　黑龙江增值税普通发票　№00180129　1100174330　00180129

发票联

校验码 12791 30137 92703 71393　开票日期：2019年12月10日

购买方	名　称：庆华有限责任公司 纳税人识别号：230800100042288 12N 地址、电话：佳木斯市郊区机场路66号 0454-86553728 开户行及账号：中国工商银行佳木斯市东风支行 0904021309248180435			密码区	-65745<19458<38404817111135 5/37503848*7>234504>-777707 2//5>*8574567-7<8*873888878 <413-3001152-/7142>>8000055		
货物或应税劳务、服务名称	规格型号	单位	数量	单价	金额	税率	税额
*商用设备*办公椅		把	10	100.00	1000.00	3%	30.00
合　计					¥1000.00		¥30.00
价税合计（大写）	⊗ 壹仟零叁拾元整				（小写）¥1030.00		
销售方	名　称：文华办公用品公司 纳税人识别号：25829104002083277N 地址、电话：佳木斯市前进区长安路35号 0454-86772366 开户行及账号：中国建设银行佳木斯市前进支行 0904022309248180321			备注	文华办公用品公司 25829104002083277N 发票专用章		

收款人：王微　复核：小芳　开票人：尹明　销售方：（章）

税总函［2018］982号深圳光华印制有限公司

第二联：发票联　购买方记账凭证

单据 10-34　收料单（会计联）

收料单

供货单位：文华办公用品公司　　　　　　　　编号：0002

发票编号：00180129　　　2019 年　12 月　10 日　　　仓库：1号

材料类别	材料编号	材料名称	规格	计量单位	数量		金额		
					应收	实收	单价	买价	合计
周转材料	005	办公椅		把	10	10	100.00	1000.00	1000.00

会计联

会计主管　　　会计　　　审核　　　记账　　　收料 沈健

单据 10-35　增值税专用发票

1800174134　　**黑龙江增值税专用发票**　　№00180438　　1800174134　00180438

发票联

校验码 12791 30137 92703 71393　　　开票日期：2019年12月16日

税总函[2018]982号海南华森实业公司

购买方	名　　称：庆华有限责任公司 纳税人识别号：23080010004228812N 地 址、电 话：佳木斯市郊区机场路66号 0454-86553728 开户行及账号：中国工商银行佳木斯市东风支行 0904021309248180435	密码区：-65745<19458<38404817000004 5/37503848*7>234504>-000023 2//5>*8574567-7<8*873000026 <413-3001152-/7142>>8000003

货物或应税劳务、服务名称	规格型号	单位	数量	单价	金额	税率	税额
*化学合成材料*A材料		kg	500	20.00	10000.00	13%	1300.00
*化学合成材料*B材料		kg	1000	50.00	50000.00	13%	6500.00
合　　计					¥60000.00		¥7800.00
价税合计（大写）	⊗陆万柒仟捌佰元整				（小写）¥67800.00		

销售方	名　　称：新时尚有限责任公司 纳税人识别号：258291040021366089 地 址、电 话：佳木斯市东风区建国路22号 0454-86778888 开户行及账号：中国建设银行佳木斯市东风支行 0904023092481805342	备注：新时尚有限责任公司 258291040021366089 发票专用章

收款人：　　复核：　　开票人：刘坤　　销售方：（章）

第三联：发票联　购买方记账凭证

单据 10-36　收料单（会计联）

收料单

供货单位：新时尚有限责任公司　　　　　　　　编号：057

发票编号：00180438　　　2019 年　12 月　11 日　　　仓库：1号

材料类别	材料编号	材料名称	规格	计量单位	数量		金额		
					应收	实收	单价	买价	合计
主要材料	001	A材料		kg	500	500	20.00	10000.00	10000.00
主要材料	002	B材料		kg	1000	1000	50.00	50000.00	50000.00
									¥60000.00

会计联

会计主管　　　会计　　　审核　　　记账　　　收料 沈健

单据 10-37　银行信汇凭证

中国工商银行信汇凭证（回单）　　1

委托日期 2019 年 12 月 11 日

汇款人	全　称	庆华有限责任公司	收款人	全　称	新时尚有限责任公司
	账　号	0904021309248180435		账　号	0904023092481805342
	汇出地点	黑龙江 省 佳木斯 市/县		汇入地点	黑龙江 省 佳木斯 市/县
汇出行名称		中国工商银行佳木斯市东风支行	汇入行名称		中国建设银行佳木斯市东风支行
金额	人民币（大写）	陆万柒仟捌佰元整	亿千百十万千百十元角分		¥ 6 7 8 0 0 0 0
			支付密码		
		汇出行签章	附加信息及用途:		（印章：中国工商银行佳木斯市东风支行 业务专用章 (1)）

此联汇出行给汇款人的回单

单据 10-38　增值税专用发票

黑龙江增值税专用发票

3849203851　　发票联　　№00830820　　3849203851　00830820

校验码 38492 38304 29342 92234　　开票日期：2019年12月11日

购买方	名　　称：庆华有限责任公司 纳税人识别号：23080010004228812N 地 址、电 话：佳木斯市郊区机场路66号 0454-86553728 开户行及账号：中国工商银行佳木斯市东风支行 0904021309248180435			密码区	-65745<19458<3840481700**01 5/37503848*7>234504>-00*002 2//5>*8574567-7<8*87309-891 <413-3001152-/7142>>8088023		
货物或应税劳务、服务名称	规格型号	单位	数量	单价	金额	税率	税额
*化学合成材料*A材料		kg	480	20.00	9600.00	13%	1248.00
合　　计					¥9600.00		¥1248.00
价税合计（大写）	⊗ 壹万零捌佰肆拾捌元整				（小写）¥10848.00		
销售方	名　　称：浩源公司 纳税人识别号：258291040021A9090A 地 址、电 话：佳木斯市东风区建国路7号 0454-86778000 开户行及账号：中国建设银行佳木斯市东风支行 0904023092481800001			备注	（印章：浩源公司 258291040021A9090A 发票专用章）		

收款人：　　复核：　　开票人：　　销售方：（章）

税总函 [2018] 982 号海南华森实业公司

第三联：发票联　购买方记账凭证

单据 10-39　收料单（会计联）

收料单

供货单位：浩源公司　　　　　　　　　　　　编号：056

发票编号：00830820　　2019 年　12 月　11 日　　仓库：1号

材料类别	材料编号	材料名称	规格	计量单位	数量		金额		
					应收	实收	单价	买价	合计
主要材料	001	A材料		kg	480	480	20.00	9600.00	9600.00

会计联

会计主管　　　会计　　　审核　　　记账　　　收料

单据 10-40　银行业务回单（收款）

ICBC 中国工商银行　　业务回单（收款）

日期：2019年 12月 12日　　回单编号：1534900002

付款人户名：广东永鑫公司　　付款人开户行：中国工商银行广州分行

付款人账号（卡号）：8298829009819100038

收款人户名：庆华有限责任公司　　收款人开户行：中国工商银行佳木斯市东风支行

收款人账号（卡号）：0904021309248180435

金额：伍仟元整　　小写：5000.00元

业务（产品）种类：　　凭证种类：00000000000000　　凭证号码：0000000000000000

摘要：预付货款　　用途：　　币种：

交易机构：0410000292　　记账柜员：03741　　交易代码：02108　　渠道：柜面

产品名称：　　费用名称：

应收金额：　　实收金额：　　收费渠道：

本回单为第一次打印，注意重复打印日期：2019年 12月 12日　　打印柜员：9　　验证码：0A87640EF006

中国工商银行佳木斯市东风支行　业务专用章（1）

单据 10-41　增值税专用发票

0035562200　　黑龙江增值税专用发票　　№830484920　　0035562200　830484920

发票联

校验码 35452 4669 45668 36576　　开票日期：2019年12月12日

税总函[2018]982号海南华森实业公司

购买方	名称：庆华有限责任公司 纳税人识别号：23080010004228812N 地址、电话：佳木斯市郊区机场路66号 0454-86553728 开户行及账号：中国工商银行佳木斯市东风支行 0904021309248180435	密码区	-65745<19458<3840481700**01 5/37503848*7>234504>-00*002 2//5>*8574567-7<8*87309-891 <413-3001152-/7142>>8088023

货物或应税劳务、服务名称	规格型号	单位	数量	单价	金额	税率	税额
*供电*电费				7964.60	7964.60	13%	1035.40
合计					¥7964.60		¥1035.40
价税合计（大写）	⊗玖仟元整				（小写）¥9000.00		

销售方	名称：佳木斯市电业局 纳税人识别号：258291040021RT5643 地址、电话：佳木斯市东风区永恒路88号 0454-86335677 开户行及账号：中国建设银行佳木斯市东风支行 0904023092481800996	备注	佳木斯市电业局 258291040021RT5643 发票专用章

收款人：　　复核：　　开票人：齐全　　销售方：（章）

第三联：发票联　购买方记账凭证

单据 10-42 转账支票存根

中国工商银行
转账支票存根
30909320
20617230

附加信息

出票日期2019年12月12日

收款人：佳木斯市电业局

金 额：¥9000.00

用 途：交电费

单位主管 会计

上海金达证券印制有限公司 · 2012年印制

单据 10-43 差旅费报销单

差旅费报销单

报销部门：总经办 2019年 12月 13日

姓名		宋佳	职务		总经理	出差事由		去北京开会		
出差起止日期自2019年 12月 07日起至2019年 12月 11日共 5天 附单据 3张										
日期		起讫地点	差旅补助			交通费	住宿费	会务费	其他	小计
月	日		天数	标准	金额					
12	07	佳木斯-北京	2	180.00	360.00	450.00				810.00
12	11	北京-佳木斯	3	180.00	540.00	450.00	100.00	980.00		2070.00
		合计			900.00	900.00	100.00	980.00		2880.00
合计人民币(大写) 现金收讫										
预领金额：3000.0(元				交(退)回金额 120.00元 应补付金额 元						

单位负责人：宋佳 会计主管：王力 部门主管：常英俊 报销人：宋佳

单据 10-44 收款收据

收 款 收 据

NO.1210002

2019年12月13日

今 收 到 总经理宋佳出差余款

金额（大写） 零佰 零拾 零万 零仟 壹佰 贰拾 零元 零角 零分

¥ 120.00 ☑ 现金 ☐ 支票 ☐ 信用卡 ☐ 其他 收款单位（盖章）现金收讫

第三联会计联

核准 会计 记账 出纳肖芳 经手人宋佳

单据 10-45 转账支票存根联

中国工商银行
转账支票存根
30909324
01456306

附加信息

出票日期2019年12月13日

收款人：浩源公司

金　额：¥10848.00

用　途：支付货款

单位主管　　会计

上海金达证券印制有限公司・2012年印制

单据 10-46 增值税专用发票

1800174138　　广东增值税专用发票　　№00193531　　1800174138　00193531

发票联

校验码 12791 30137 92703 71393　　开票日期：2019年12月14日

购买方	名　　称：庆华有限责任公司 纳税人识别号：23080010004228812N 地 址、电 话：佳木斯市郊区机场路66号 0454-86553728 开户行及账号：中国工商银行佳木斯市东风支行 0904021309248180435			密码区	-65745<19458<38404817111113 5/37503848*7>234504>-777756 2//5>*8574567-7<8*873888810 <413-3001152-/7142>>8000052		
货物或应税劳务、服务名称	规格型号	单位	数量	单价	金额	税率	税额
*专用设备*加工设备	P-JW	台	1	200000.00	200000.00	13%	26000.00
合　　计					¥200000.00		¥26000.00
价税合计（大写）	⊗贰拾贰万陆仟元整				（小写）¥226000.00		
销售方	名　　称：顺德机械制造厂 纳税人识别号：458391040021556441 地 址、电 话：佛山市荷塘区前进路22号 0731-22365599 开户行及账号：中国工商银行佛山市荷塘支行 0731024001677213882			备注	顺德机械制造厂 458391040021556441 发票专用章		

收款人：　　复核：　　开票人：李宁　　销售方：（章）

税总函［2018］982号海南华森实业公司

第三联：发票联 购买方记账凭证

单据 10-47 电汇凭证

电 汇 凭 证

币别：人民币　　2019年 12月 14日　　流水号：

汇款方式	☑普通　□加急				
汇款人	全　　称	庆华有限责任公司	收款人	全　　称	顺德机械制造厂
	账　　号	0904021309248180435		账　　号	0731024001677213882
	汇出行名称	中国工商银行佳木斯市东风支行		汇入行名称	中国工商银行佛山市荷塘支行
金额	（大写）贰拾贰万陆仟元整			亿千百十万千百十元角分	¥22600000
		支付密码			
		附加信息及用途：货款			
		中国工商银行佳木斯市东风支行 业务专用章 (1)　　客户签章			

会计主管　　授权　　复核　　录入

第二联 客户回单

单据10-48 固定资产验收单

固定资产验收单

2019 年 12 月 14 日

资产编号	110212	资产名称	生产设备	型号规格	P-JW
供应商名称	顺德机械制造厂				
购入日期	2019年12月14日	安装完成日期	2019年12月14日		
金额大写	贰拾万元整	小写	200000.00		
验收结果	合格	验收日期	2019年12月14日		
采购部门		资产管理人	赵兵		
使用部门	生产部	财务审核	王力		
备注：					

单据10-49 关于盘亏财产的处理意见

关于盘亏财产的处理意见

我公司发现电脑丢失5台，净值15000元，经查属管理不善所致。应由夜间值班人员李伟赔偿500元，其余损失由公司承担。

庆华有限责任公司

2019年12月14日

（印章：庆华有限责任公司）

单据10-50 增值税专用发票

1800174130　　黑龙江增值税专用发票　　№00380414　　1800174130　00380414

校验码 12791 30137 92703 71393　　此联不作报销、扣税凭证使用　　开票日期：2019年12月15日

购买方	名　　称：广东永鑫公司 纳税人识别号：913502062830039403 地 址、电 话：广东省广州市白云区鑫顺街2号 020-83894889 开户行及账号：中国工商银行广州分行 8298829009819100038			密码区	-65745<19458<38404817000034 5/37503848*7>234504>-000089 2//5>*8574567-7<8*873000007 <413-3001152-/7142>>8000024		
货物或应税劳务、服务名称	规格型号	单位	数量	单价	金额	税率	税额
*日杂用品*甲产品		件	200	150.00	30000.00	13%	3900.00
合　　计					¥30000.00		¥3900.00
价税合计（大写）	⊗叁万叁仟玖佰元整				（小写）¥33900.00		
销售方	名　　称：庆华有限责任公司 纳税人识别号：23080010004228812N 地 址、电 话：佳木斯市郊区机场路66号 0454-86553728 开户行及账号：中国工商银行佳木斯市东风支行 0904021309248180435			备注	（印章：庆华有限责任公司 23080010004228812N 发票专用章）		

收款人：　　复核：　　开票人：赵海英　　销售方：（章）

第一联：记账联　销售方记账凭证

税总函[2018]562号海南华森实业公司

单据 10-51 出库单

出 库 单

领料车间(部门)：广东永鑫公司　　2019 年 12 月 15 日　　编号：00162

产品名称	规格	计量单位	数量		成本		备注
			请领	实发	单位成本	金额	
甲产品		件	200	200	150.00	30000.00	
合计						¥30000.00	

会计联

记账：　　发料：沈健　　领料负责人：张春　　领料：刘淑仁

单据 10-52 进账单（收账通知）

ICBC 中国工商银行　　进账单（收账通知）3

2019 年 12 月 15 日　　№

出票人	全称	广东永鑫公司	收款人	全称	庆华有限责任公司
	账号	8298829009819100038		账号	0904021309248180435
	开户银行	中国工商银行广州分行		开户银行	中国工商银行佳木斯市东风支行
金额	人民币（大写）	叁万叁仟玖佰元整		亿千百十万千百十元角分	¥3390000
票据种类	汇票	票据张数	1张		
票据号码					
备注：					

中国工商银行佳木斯市东风支行 业务专用章 (1)

复核：　　记账：　　收款人开户银行签章

此联是收款人开户银行交给收款人的收账通知

175*85mm GH066011

单据 10-53 领料单（会计联）

领 料 单

领料部门：生产车间

用 途 生产甲产品　　2019 年 12 月 16 日　　第 001 号

材料			单位	数量		成本	
编号	名称	规格		请领	实发	单价	总价（百十万千百十元角分）
001	A材料		kg	5000	5000	20.00	10000000
002	B材料		kg	2000	2000	50.00	10000000
合计				7000	7000		¥20000000

会计联

部门经理：张小刚　　会计：　　仓库：沈健　　经办人：赵兵

单据 10-54 转账支票存根联

中国工商银行
转账支票存根
30909324
01456304

附加信息

出票日期2019年12月16日

收款人：庆华有限责任公司

金　额：¥150000.00

用　途：发放职工工资

单位主管　　会计

上海金达证券印制有限公司·2012年印制

单据 10-55 工资发放表

2019年12月工资发放表

序号	姓名	岗位工资	奖金	应发工资	扣款	实发
1	张会有	2900.00	1500.00	4400.00	略	4400.00
2	王华	1000.00	500.00	1500.00		1500.00
3	高歌	1500.00	500.00	2000.00		2000.00
4	李秋红	1300.00	1000.00	2300.00		2300.00
⋮	⋮	⋮	⋮	⋮	⋮	⋮
96	赵小兵	900.00	300.00	1200.00		1200.00
合计		82000.00	68000.00	150000.00		150000.00

单据 10-56 企业人员工资代发凭证

企业人员工资代发凭证

工资款项	职工人数	岗位工资	奖金	应发工资	扣款	实发
合计	96	82000.00	68000.00	150000.00		150000.00

（印章：中国工商银行佳木斯市东风支行 业务专用章 (1)）

单据 10-57 增值税专用发票

1100321829　　黑龙江增值税专用发票　　№00182328　　1100321829 00182328

发票联

校验码 12397 39113 91713 71391　　开票日期：2019年12月16日

购买方：
名　　称：庆华有限责任公司
纳税人识别号：230800100042288l2N
地址、电话：佳木斯市郊区机场路66号 0454-86553728
开户行及账号：中国工商银行佳木斯市东风支行 0904021309248180435

密码区：
-65745<19458<3840481700**02
5/37503848*7>234504>-00*001
2//5>*8574567-7<8*87309-007
<413-3001152-/7142>>8088011

货物或应税劳务、服务名称	规格型号	单位	数量	单价	金额	税率	税额
*化学合成材料*A材料		kg	500	20.00	10000.00	13%	1300.00
合计					¥10000.00		¥1300.00
价税合计（大写）	⊗壹万壹仟叁佰元整				（小写）¥11300.00		

销售方：
名　　称：佳木斯市前进建材厂
纳税人识别号：458391040022355661
地址、电话：佳木斯市星谷区红旗中路26号 0454-22364733
开户行及账号：中国工商银行佳木斯市荷塘支行 0731024001531235528

备注：（印章：佳木斯市前进建材厂 458391040022355661 发票专用章）

收款人：　　复核：　　开票人：陈辰　　销售方：（章）

税总函〔2018〕982号海南华森实业公司

第三联：发票联　购买方记账凭证

单据 10-58　转账支票存根联

中国工商银行
转账支票存根
30909320
20617229
附加信息

出票日期 2019 年 12 月 16 日

收款人:	佳木斯市前进建材厂
金　额:	¥11300.00
用　途:	支付货款

单位主管　　会计

单据 10-59　转账支票存根联

中国工商银行
转账支票存根
30909320
20617230
附加信息

出票日期 2019 年 12 月 17 日

收款人:	洪丰有限责任公司
金　额:	¥58500.00
用　途:	偿还货款

单位主管　　会计

单据 10-60　转账支票存根联

中国工商银行
转账支票存根
30909320
20617231
附加信息

出票日期 2019 年 12 月 17 日

收款人:	优势有限责任公司
金　额:	¥5000.00
用　途:	预付材料款

单位主管　　会计

单据 10-61　收款收据

收　款　收　据　　NO.6013557

2019 年 12 月 17 日

今　收　到　庆华有限责任公司预付款

金额（大写）　零佰　零拾　零万　伍仟　零佰　零拾　零元　零[illegible]　零[illegible]

¥ 5,000.00　　□ 现金　√ 支票　□ 信用卡　□ 其他　　收款单位（盖章）

财务专用章

第二联收据联

核准　　会计　　记账　　出纳 姜萌　　经手人

单据 10-62　收料单（会计联）

收料单

供货单位: 佳木斯市前进建材厂　　　　编号: 0004

发票编号: 00180438　　2019 年　12 月　18 日　　仓库: 1号

材料类别	材料编号	材料名称	规格	计量单位	数量		金额		
					应收	实收	单价	买价	合计
主要材料	001	A材料		kg	500	500	20	10000	10000

会计联

会计主管　　会计　　审核　　记账　　收料 沈健

单据 10-63 增值税专用发票

0090747972 黑龙江增值税专用发票 №22859930 0090747972 22859930

发票联

校验码 88397 93204 40585 83933

开票日期：2019年12月18日

购买方	名称：庆华有限责任公司 纳税人识别号：23080010004228812N 地址、电话：佳木斯市郊区机场路66号 0454-86553728 开户行及账号：中国工商银行佳木斯市东风支行 0904021309248180435	密码区	-65745<19458<3840481700**01 5/37503848*7>234504>-00*002 2//5>*8574567-7<8*87309-891

货物或应税劳务、服务名称	规格型号	单位	数量	单价	金额	税率	税额
*设计服务*名片				100.00	100.00	6%	6.00
合计					¥100.00		¥6.00
价税合计（大写）	⊗壹佰零陆元整				（小写）¥106.00		

销售方	名称：新意广告公司 纳税人识别号：912308002209666333 地址、电话：佳木斯市郊区长青路123路 0454-87333999 开户行及账号：中国工商银行佳木斯市通江支行 6523170050112333666	备注	

收款人： 复核： 开票人：小强 销售方：（章）

新意广告公司 912308002209666333 发票专用章

税总函[2018] 982号海南华森实业公司

第三联：发票联 购买方记账凭证

单据 10-64 转账支票存根联

中国工商银行
转账支票存根
30909324
01456316

附加信息

出票日期 2019 年 12 月 19 日

收款人：中国财产保险股份有限公司佳西分公司

金额：¥31800.00

用途：支付财产保险费

单位主管 会计

上海金达证券印制有限公司·2012年印制

单据 10-65 增值税专用发票

1800174123 黑龙江增值税专用发票 №11800840 1800174123 11800840

发票联

校验码 12791 30137 92703 71393

开票日期：2019年12月19日

购买方	名称：庆华有限责任公司 纳税人识别号：23080010004228812N 地址、电话：佳木斯市郊区机场路66号 0454-86553728 开户行及账号：中国工商银行佳木斯市东风支行 0904021309248180435	密码区	-65745<19458<38404817111132 5/37503848*7>234504>-777705 2//5>*8574567-7<8*873888867 <413-3001152-/7142>>8000094

货物或应税劳务、服务名称	规格型号	单位	数量	单价	金额	税率	税额
*保险服务*保险费				30000.00	30000.00	6%	1800.00
合计					¥30000.00		¥1800.00
价税合计（大写）	⊗叁万壹仟捌佰元整				（小写）¥31800.00		

销售方	名称：中国财产保险股份有限公司佳西分公司 纳税人识别号：230800100023956690 地址、电话：佳木斯市前进区和平路69号 0454-86762511 开户行及账号：中国建设银行佳木斯市前进支行 0904022309248116801	备注	略

收款人： 复核： 开票人：李春春 销售方：（章）

中国财产保险股份有限公司佳西分公司 230800100023956690 发票专用章

税总函[2018] 982号海南华森实业公司

第三联：发票联 购买方记账凭证

单据 10-66　转账支票存根联

中国工商银行
转账支票存根
30909324
01456308

附加信息

出票日期 2019 年 12 月 19 日

收款人：黑龙江省财政厅财政性资金

金　额：¥1000.00

用　途：支付违章罚款

单位主管　　会计

上海金达证券印制有限公司 · 2012 年印制

单据 10-67　政府非税收入专用票据

政府非税收入专用票据

No.:6013557

注册号码　财[黑　]票字第　号

票据类型：

数字指纹：

2019年 12月 19日

缴款单位（或缴款人）	庆华有限责任公司	执收单位编码	238901	收费许可证003　字第290016号	
项目编码	收　费　项　目	计费数量	收费标准	金　额	备　注
	罚款本金	1	1,000.00	1,000.00	
	滞纳金	0	0.00	0.00	
人民币(大写)合计：壹仟元整				¥:1,000.00	

收费单位(公章)：　　开票卡号：　　收款人：李宏　　开票人：

第一联：收据

电脑打印　手写无效

中国工商银行佳木斯市东风支行
业务专用章
(2)

单据 10-68　转账支票存根联

中国工商银行
转账支票存根
30909324
01456309

附加信息

出票日期 2019 年 12 月 20 日

收款人：新创广告有限公司

金　额：¥5300.00

用　途：支付广告费

单位主管　　会计

上海金达证券印制有限公司 · 2012 年印制

单据 10-69 增值税专用发票

黑龙江增值税专用发票

发票联

1100362112　　№ 28129201　　1100362112 28129201

校验码 12397 79132 13921 32917

开票日期：2019年12月20日

购买方	名　　称：庆华有限责任公司 纳税人识别号：23080010004228812N 地 址、电 话：佳木斯市郊区机场路66号 0454-86553728 开户行及账号：中国工商银行佳木斯市东风支行 0904021309248180435	密码区	-65745<19458<3840481700**06 5/37503848*7>234504>-00*002 2//5>*8574567-7<8*87309-009 <413-3001152-/7142>>8088001

货物或应税劳务、服务名称	规格型号	单位	数量	单价	金额	税率	税额
*文化创意服务*广告费			1	5000.00	5000.00	6%	300.00
合　　计					¥5000.00		¥300.00
价税合计（大写）	⊗伍仟叁佰元整				（小写）¥5300.00		

销售方	名　　称：新创广告有限公司 纳税人识别号：230800105611789156 地 址、电 话：佳木斯市郊区机场路233号 0454-86332188 开户行及账号：中国工商银行佳木斯市前进支行 0904022378125677116	备注	新创广告有限公司 230800105611789156 发票专用章

收款人：　　复核：　　开票人：林雪玲　　销售方：（章）

税总函[2018]982号海南华森实业公司

第三联：发票联 购买方记账凭证

单据 10-70 过路过桥发票

黑龙江过路过桥发票

黑龙江省

贰佰元整

注册号码：黑财（2019）票字第20号

出口：佳木斯　　入口：哈尔滨

车型/重量：A客　　金额¥：200.00

超限比例：　　工号：220101

时间：2019-12-04 16:45

打印号：0783998433434

No：91492170

单据 10-71 银行业务回单（收款）

ICBC 中国工商银行　业务回单（收款）

日期：2019年 12月 21日　　回单编号：1534900002

付款人户名：　　付款人开户行：

付款人帐号（卡号）：

收款人户名：庆华有限责任公司　　收款人开户行：中国工商银行佳木斯市东风支行

收款人帐号（卡号）：0904021309248180435

金额：柒仟元整　　小写：7000.00元

业务（产品）种类：结算业务凭证　　凭证种类：000000000　　凭证号码：0000000000000000

摘要：存款利息　　用途：　　币种：人民币

交易机构：0410000292　　记账柜员：03741　　交易代码：02108　　渠道：

起息日期：20190920　　止息日期：20191220　　利率：　　利息：

计息账户账号：0904021309248180435

中国工商银行佳木斯市东风支行 业务专用章 (1)

本回单为第一次打印，注意重复　　打印日期：2019年 12月 21日　　打印柜员：9　　验证码：0A87640EF006

单据 10-72 电汇凭证

电 汇 凭 证

币别： 2019 年 12月 22日 流水号：

汇款方式	☑普通 □加急				
汇款人	全称	庆华有限责任公司	收款人	全称	北京鑫华公司
	账号	0904021309248180435		账号	0904023092481805342
	汇出行名称	中国工商银行佳木斯市东风支行		汇入行名称	中国建设银行北京市海淀区支行
金额	（大写）人民币叁万叁仟伍佰陆拾壹元整			亿千百十万千百十元角分	¥3356100

支付密码

附加信息及用途：货款

中国工商银行佳木斯市东风支行 业务专用章 （1）

客户签章

第二联 客户回单

会计主管 授权 复核 录入

单据 10-73 增值税专用发票

1800174134 北京增值税专用发票 №00180426 1800174134 00180426

发票联

校验码 12791 30137 92703 71393 开票日期：2019年12月22日

购买方	名称：庆华有限责任公司 纳税人识别号：230800100042288l2N 地址、电话：佳木斯市郊区机场路66号 0454-86553728 开户行及账号：中国工商银行佳木斯市东风支行 0904021309248180435			密码区	-65745<19458<38404817000006 5/37503848*7>234504>-000006 2//5>*8574567-7<8*873000007 <413-3001152-/7142>>8000008		
货物或应税劳务、服务名称	规格型号	单位	数量	单价	金额	税率	税额
*化学合成材料*A材料		kg	1500	19.80	29700.00	13%	3861.00
合计					¥29700.00		¥3861.00
价税合计（大写）	⊗叁万叁仟伍佰陆拾壹元整				（小写）¥33561.00		
销售方	名称：北京鑫华公司 纳税人识别号：258291040021366089 地址、电话：北京市海淀区建国路22号 010-86778889 开户行及账号：中国建设银行北京市海淀区支行 0904023092481805342			备注			

收款人： 复核： 开票人：刘坤 销售方：（章）

北京鑫华公司 258291040021366089 发票专用章

税总函[2018]982号海南华森实业公司

第三联：发票联 购买方记账凭证

单据 10-74 银行业务回单（付款）

ICBC 中国工商银行 业务回单（付款）

日期： 2019年 12月 22日 回单编号： 1534900002

付款人户名： 庆华有限责任公司 付款人开户行： 中国工商银行佳木斯市东风支行

付款人账号（卡号）： 0904021309248180435

收款人户名： 北京鑫华公司 收款人开户行： 中国建设银行北京市海淀区支行

收款人账号（卡号）： 0904023092481805342

金额： 叁万叁仟伍佰陆拾壹元整 小写： 33561.00元

业务（产品）种类： 凭证种类： 0000000000 凭证号码： 0000000000000000

摘要： 货款 用途： 币种：

交易机构： 0410000292 记账柜员： 03741 交易代码： 02108 渠道：

产品名称： 费用名称：

应收金额： 实收金额： 收费渠道：

本回单为第一次打印，注意重复打印日期： 2019年 12月 22日 打印柜员： 9 验证码： 0A87640EF006

中国工商银行佳木斯市东风支行 业务专用章 （1）

单据 10-75　现金存款凭条

ICBC 中国工商银行　　　　现金存款凭条

2019 年 12 月 23 日

存款人	全称	庆华有限责任公司		
	账号	0904021309248180435	款项来源	超限额现金
	开户行	中国工商银行佳木斯市东风支行	交款人	庆华有限责任公司

金额（大写）	千	百	十	万	千	百	十	元	角	分
伍仟元整				¥	5	0	0	0	0	0

票面	张数	十	万	千	百	十	元	角	分	票面	张数	千	百	十	元	角	分	备注
壹佰元	50			5	0	0	0	0	0	伍角								
伍拾元										贰角								
贰拾元										壹角								
拾元										伍分								
伍元										贰分								
贰元										壹分								
壹元										其他								

中国工商银行佳木斯市东风支行 业务专用章 (1)

第一联 银行核对联

190mm×100mm GH 082398

单据 10-76　领料单（会计联）

领　料　单

领料部门：生产车间

用　途　　　　2019 年 12 月 23 日　　　　第　004 号

材料			单位	数量		成本									
						单价	总价								
编号	名称	规格		请领	实发		百	十	万	千	百	十	元	角	分
005	办公椅		把	2	2	103.00					2	0	6	0	0
合计										¥	2	0	6	0	0

部门经理：张小刚　　会计：　　仓库：沈健　　经办人：赵兵

会计联

单据 10-77　领料单（会计联）

领　料　单

领料部门：行政科室

用　途　　　　2019 年 12 月 23 日　　　　第　005 号

材料			单位	数量		成本									
						单价	总价								
编号	名称	规格		请领	实发		百	十	万	千	百	十	元	角	分
005	办公椅		把	5	5	103.00					5	1	5	0	0
合计										¥	5	1	5	0	0

部门经理：张小刚　　会计：　　仓库：沈健　　经办人：赵兵

会计联

单据 10-78　增值税专用发票

2001563025　　**黑龙江增值税专用发票**　　№00213621　　2001563025 00213621

校验码 22104 46420 64621 32010　　此联不作报销、扣税凭证使用　　开票日期：2019年12月23日

购买方	名　　称：环宇有限责任公司 纳税人识别号：258291040028445648 地 址、电 话：佳木斯市东风区建国路55号 0454-86778555 开户行及账号：中国建设银行佳木斯市东风支行 090402309248182255б				密码区	-65745<19458<3840481700**01 5/37503848*7>234504>-00*002 2//5>*8574567-7<8*87309-891 <413-3001152-/7142>>8088023	
货物或应税劳务、服务名称	规格型号	单位	数量	单价	金额	税率	税额
*日杂用品*甲产品		件	1000	150.00	150000.00	13%	19500.00
*日杂用品*乙产品		件	500	200.00	100000.00	13%	13000.00
合　　计					250000.00		32500.00
价税合计（大写）	⊗ 贰拾捌万贰仟伍佰元整				（小写）¥282500.00		
销售方	名　　称：庆华有限责任公司 纳税人识别号：23080010004228812N 地 址、电 话：佳木斯市郊区机场路66号 0454-86553728 开户行及账号：中国工商银行佳木斯市东风支行 0904021309248180435				备注	庆华有限责任公司 23080010004228812N 发票专用章	

收款人：　　复核：　　开票人：李亚　　销售方：（章）

税总函［2018］562号海南华森实业公司

第一联：记账联　销售方记账凭证

单据 10-79　出库单

出　库　单

领料车间(部门)：环宇有限责任公司　　2019 年 12 月 23 日　　编号：0009

产品名称	规格	计量单位	数量		成本		备注
			请领	实发	单位成本	金额	
甲产品		件	1000	1000	100.00	100000.00	
乙产品		件	500	500	150.00	75000.00	
合计						¥175000.00	

记账：　　发料：　　领料负责人：　　领料：凌星

会计联

单据 10-80　进账单（回单）

ICBC 中国工商银行　　进账单（回　单）　2

2019 年 12 月 23 日　　№

出票人	全　称	环宇有限责任公司	收款人	全　称	庆华有限责任公司
	账　号	0904023092481822556		账　号	0904021309248180435
	开户银行	中国建设银行佳木斯市东风支行		开户银行	中国工商银行佳木斯市东风支行
金额	人民币（大写）	贰拾捌万贰仟伍佰元整		亿千百十万千百十元角分	¥28250000
票据种类	转账支票	票据张数	1		
票据号码					
备注：				中国工商银行佳木斯市东风支行 业务专用章（1）	开户银行签章

复核：　　记账：

此联是开户银行交给持（出）票人的回单

175×85mm GH066011

单据 10-81　增值税专用发票

黑龙江增值税专用发票

1800174130　　№00380415　　1800174130 00380415

校验码 12791 30137 92703 71393

此联不作报销、扣税凭证使用　　开票日期：2019年12月23日

购买方	名　　称：利拓有限责任公司 纳税人识别号：658631040021312581 地址、电话：芜湖市红星区志同街11号 0553-86851666 开户行及账号：中国工商银行芜湖市银杏支行 2300012300325100132	密码区	-65745<19458<38404817000024 5/37503848*7>234504>-000089 2//5>*8574567-7<8*873000051 <413-3001152-/7142>>8000042

货物或应税劳务、服务名称	规格型号	单位	数量	单价	金额	税率	税额
*日杂用品*甲产品		件	1000	150.00	150000.00	13%	19500.00
*日杂用品*乙产品		件	1000	200.00	200000.00	13%	26000.00
合　　计					¥350000.00		¥45500.00
价税合计（大写）	⊗叁拾玖万伍仟伍佰元整				（小写）¥395500.00		

销售方	名　　称：庆华有限责任公司 纳税人识别号：23080010004228812N 地址、电话：佳木斯市郊区机场路66号 0454-86553728 开户行及账号：中国工商银行佳木斯市东风支行 0904021309248180435	备注	庆华有限责任公司 23080010004228812N 发票专用章

收款人：　　复核：　　开票人：肖芳　　销售方：（章）

税总函〔2018〕562号海南华森实业公司

第一联：记账联　销售方记账凭证

单据 10-82　出库单

出　库　单

领料车间(部门)：利拓有限责任公司　　2019 年 12 月 23 日　　编号：00163

产品名称	规格	计量单位	数量		成本		备注
			请领	实发	单位成本	金额	
甲产品		件	1000	1000	100	100000	
乙产品		件	1000	1000	150	150000	
合计			2000	2000		¥250000	

记账：　　发料：沈健　　领料负责人：张春　　领料：刘淑仁

会计联

单据 10-83　托收凭证

托收凭证（受理回单）　　1

委托日期　2019年 12月 23日

业务类型	委托收款（□邮划、☑电划）　托收承付（□邮划、□电划）				
付款人	全称：利拓有限责任公司 账号：2300012300325100132 地址：安徽省芜湖市/县　开户行：中国工商银行芜湖市银杏支行	收款人	全称：庆华有限责任公司 账号：0904021309248180435 地址：黑龙江省佳木斯市/县　开户行：中国工商银行佳木斯市东风支行		
金额	人民币（大写）叁拾玖万伍仟伍佰元整		亿千百十万千百十元角分：¥39550000		
款项内容	货款	托收凭据名称	增值税专用发票	附寄单证张数	1
商品发运情况	货物已托运	合同名称号码			
备注： 复核　记帐	款项收妥日期 年　月　日	收款人开户银行签章 中国工商银行佳木斯市东风支行 业务专用章 (1) 年　月　日			

此联作收款人开户银行给收款人的受理回单

单据 10-84　领料单（会计联）

领　料　单

领料部门：生产车间

用　途 生产甲产品　　　　2019 年 12 月 23 日　　　　第　　009 号

材料			单位	数量		成本									
						单价	总价								
编号	名称	规格		请领	实发		百	十	万	千	百	十	元	角	分
001	A材料		kg	2000	2000	20.00			4	0	0	0	0	0	0
002	B材料		kg	1000	1000	50.00			5	0	0	0	0	0	0
合计				3000	3000			¥	9	0	0	0	0	0	0

会计联

部门经理：张小刚　　会计：　　仓库：沈健　　经办人：赵兵

单据 10-85　领料单（会计联）

领　料　单

领料部门：生产车间

用　途 生产乙产品　　　　2019 年 12 月 23 日　　　　第　　010 号

材料			单位	数量		成本									
						单价	总价								
编号	名称	规格		请领	实发		百	十	万	千	百	十	元	角	分
001	A材料		kg	1000	1000	20.00			2	0	0	0	0	0	0
002	B材料		kg	500	500	50.00			2	5	0	0	0	0	0
合计				1500	1500			¥	4	5	0	0	0	0	0

会计联

部门经理：张小刚　　会计：　　仓库：沈健　　经办人：赵兵

单据 10-86　转账支票存根联

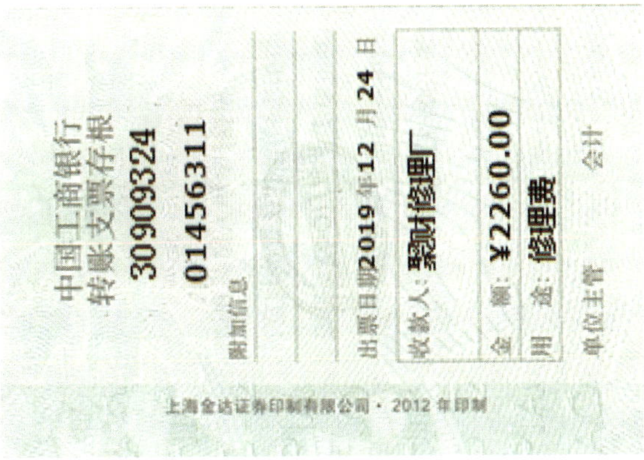
中国工商银行
转账支票存根
30909324
01456311
附加信息
出票日期 2019 年 12 月 24 日
收款人：聚财修理厂
金　额：¥2260.00
用　途：修理费
单位主管　　会计
上海金达证券印制有限公司 · 2012 年印制

单据 10-87　增值税专用发票

黑龙江增值税专用发票

1100238966　　发票联　　№12237827　　1100238966 12237827

校验码 12397 38971 23911 79128　　开票日期：2019年12月24日

税总函[2018]982号海南华森实业公司

购买方	名　　称：庆华有限责任公司 纳税人识别号：23080010004228812N 地址、电话：佳木斯市郊区机场路66号 0454-86553728 开户行及账号：中国工商银行佳木斯市东风支行 0904021309248180435			密码区	-65745<19458<3840481700**29 5/37503848*7>234504>-00*118 2//5>*8574567-7<8*87309-356 <413-3001152-/7142>>8088027		
货物或应税劳务、服务名称	规格型号	单位	数量	单价	金额	税率	税额
*修理修配劳务*修理费			1	2000.00	2000.00	13%	260.00
合　　计					¥2000.00		¥260.00
价税合计（大写）	⊗贰仟贰佰陆拾元整				（小写）¥2260.00		
销售方	名　　称：聚财修理厂 纳税人识别号：23080100787711027N 地址、电话：佳木斯市前进区光复路46号 0454-86772188 开户行及账号：中国工商银行佳木斯市前进支行 0904021372213278236			备注	23080100787711027N 发票专用章		

收款人：　　复核：　　开票人：张丹丹　　销售方：（章）

第三联：发票联　购买方记账凭证

单据 10-88　领料单（会计联）

领　料　单

领料部门：生产车间

用　途：一般耗用　　2019 年 12 月 24 日　　第 008 号

材料			单位	数量		成本	
编号	名称	规格		请领	实发	单价	总价（百十万千百十元角分）
001	A材料		kg	100	100	20.00	200000
002	B材料		kg	100	100	50.00	500000
合计				200	200		¥700000

会计联

部门经理：张小刚　　会计：　　仓库：沈健　　经办人：赵兵

单据 10-89　商业承兑汇票

商业承兑汇票　2

69008756

出票日期（大写）　贰零壹玖 年 壹拾贰月 贰拾伍 日

付款人	全称	丰润有限责任公司	收款人	全称	庆华有限责任公司
	账号	0904022366123478117		账号	0904021309248180435
	开户银行	中国工商银行佳木斯市前进支行		开户银行	中国工商银行佳木斯市东风支行
出票金额	人民币（大写）	叁万伍仟壹佰元整	亿千百十万千百十元角分		¥3510000
汇票到期日（大写）	贰零贰零年零叁月贰拾肆日		付款人开户行	行号	56723
交易合同号码	086548			地址	佳木斯市前进区解放路78号
本汇票已经承兑，到期无条件支付票款 承兑人签章 承兑日期　年　月　日			本汇票请予以承兑于到期日付款 出票人签章		

此联持票人开户行随托收凭证寄付款人开户行作借方凭证

单据 10-90　现金支票存根联

中国工商银行
现金支票存根
30909324
01450565

附加信息

出票日期 2019 年 12 月 25 日

收款人：庆华有限责任公司
金　额：¥10000.00
用　途：备用金

单位主管　会计

上海金达证券印制有限公司・2018 年印制

单据 10-91　借款单

借 款 单

2019 年 12 月 25 日

借款部门	销售部	姓名	王微	事由	参加广州产品交易会		
借款金额（大写）	零万 伍仟 零佰 零拾 零元 零角 零分 ¥ 5,000.00						
领导审批	宋佳	财务审批	王力	部门审批	王微	出纳付款	肖芳
借款人	王微	备注	现金付讫				

单据 10-92　收款收据

收 款 收 据

NO.121003

2019 年 12 月 26 日

今 收 到　职工李伟交来赔偿款　　现金收讫

金额（大写）　佰　零拾　零万　零仟　伍佰　零拾　零元　零角　零分

¥ 500.00　☑ 现金　☐ 支票　☐ 信用卡　☐ 其他　收款单位（盖章）

第三联会计联

核准　会计　记账　出纳 肖芳　经手人

单据 10-93　增值税专用发票

1100586839　校验码

北京增值税专用发票

发票联

№00188129

1100586839
00188129

开票日期：2019年12月26日

购买方	名　　称：庆华有限责任公司 纳税人识别号：23080010004228812N 地 址、电 话：佳木斯市郊区机场路66号 0454-86553728 开户行及账号：中国工商银行佳木斯市东风支行 0904021309248180435	密码区	-65745<19458<3840481700**02 5/37503848*7>234504>-00*006 2//5>*8574567-7<8*87309-005 <413-3001152-/7142>>8088008

货物或应税劳务、服务名称	规格型号	单位	数量	单价	金额	税率	税额
*陆路运输服务*运费		kg	1	300.00	300.00	9%	27.00
合　　计					¥300.00		¥27.00
价税合计（大写）	⊗叁佰贰拾柒元整				（小写）¥327.00		

销售方	名　　称：北京远洋运输公司 纳税人识别号：23083378112245902N 地 址、电 话：北京市东城区中山路29号 010-87231124 开户行及账号：中国建设银行北京市东城支行 0904022356118923662	备注	北京-佳木斯，材料

收款人：　　复核：　　开票人：林娟娟　　销售方：（章）

税总函［2018］982号海南华森实业公司

第三联：发票联　购买方记账凭证

单据 10-94　电汇凭证

电 汇 凭 证

币别：人民币　　2019 年 12月 26日　　流水号：

汇款方式	☑普通　□加急				
汇款人	全　　称	庆华有限责任公司	收款人	全　　称	北京远洋运输公司
	账　　号	0904021309248180435		账　　号	0904022356118923662
	汇出行名称	中国工商银行佳木斯市东风支行		汇入行名称	中国建设银行北京市东城支行
金额	（大写）叁佰贰拾柒元整				亿 千 百 十 万 千 百 十 元 角 分 ¥ 3 2 7 0 0
		支付密码			
		附加信息及用途：运费			
		中国工商银行佳木斯市东风支行 业务专用章 (1)			客户签章

会计主管　　授权　　复核　　录入

第二联　客户回单

单据 10-95 银行业务回单（付款）

ICBC 中国工商银行 业务回单（付款）

日期：2019年 12月 26日　　回单编号：1534900002

付款人户名：庆华有限责任公司　　付款人开户行：中国工商银行佳木斯市东风支行

付款人账号（卡号）：0904021309248180435

收款人户名：北京远洋运输公司　　收款人开户行：中国建设银行北京市东城支行

收款人账号（卡号）：0904022356118923662

金额：叁佰贰拾柒元整　　小写：327.00元

业务（产品）种类：结算业务凭证　　凭证种类：000000000　　凭证号码：0000000000000000

摘要：汇款手续费　　用途：　　币种：人民币

交易机构：0410000292　　记账柜员：03741　　交易代码：02108　　渠道：柜面

产品名称：　　费用名称：

应收金额：　　实收金额：　　收费渠道：

（印章：中国工商银行佳木斯市东风支行 业务专用章 (1)）

本回单为第一次打印，注意重复 打印日期：2019年 12月 26日　　打印柜员：9　　验证码：0A87640EF006

单据 10-96 收料单（会计联）

收料单

供货单位：北京鑫华公司　　编号：0005

发票编号：00182328　　2019 年 12 月 26 日　　仓库：1号

材料类别	材料编号	材料名称	规格	计量单位	数量		金额		
					应收	实收	单价	买价	合计
主要材料	001	A材料		kg	1500	1500	19.80	29700.00	29700.00

会计联

会计主管　　会计　　审核　　记账　　收料 沈健

单据 10-97 收料单（会计联）

收料单

供货单位：佳木斯市前进建材厂　　编号：0010

发票编号：　　2019 年 12 月 27 日　　仓库：1号

材料类别	材料编号	材料名称	规格	计量单位	数量		金额		
					应收	实收	单价	买价	合计
原材料	002	B材料		kg	200	200			

会计联

会计主管　　会计　　审核　　记账　　收料

单据 10-98 增值税普通发票

3302156001　　黑龙江增值税普通发票　　№ 00251412　　3302156001 00251412

校验码　　发票联　　开票日期：2019年12月27日

税总函〔2018〕982号深圳光华印制有限公司

购买方	名称：庆华有限责任公司 纳税人识别号：23080010004228812N 地址、电话：佳木斯市郊区机场路66号 0454-86553728 开户行及账号：中国工商银行佳木斯市东风支行 0904021309248180435			密码区	-65745<19458<3840481700**01 5/37503848*7>234504>-00*002 2//5>*8574567-7<8*87309-891		
货物或应税劳务、服务名称	规格型号	单位	数量	单价	金额	税率	税额
*劳务*劳务费					4854.37	3%	145.63
合计					¥4854.37		¥145.63
价税合计（大写）	⊗ 伍仟元整				（小写）¥5000.00		
销售方	名称：丽人劳务中介公司 纳税人识别号：458391040022313579 地址、电话：佳木斯市星谷区红旗中路26号 0454-22324688 开户行及账号：中国工商银行佳木斯市荷塘支行 0731024001531291350			备注			

收款人：　　复核：　　开票人：蔡立人　　销售方：（章）

第二联：发票联　购买方记账凭证

单据 10-99 转账支票存根联

中国工商银行
转账支票存根
30909320
20617238

附加信息

出票日期2019年12月27日

收款人：丽人劳务中介公司

金额：¥5000.00

用途：劳务费

单位主管　　会计

上海金达证券印制有限公司·2012年印制

单据 10-100 领料单（会计联）

领　料　单

领料部门：生产车间

用　途：生产乙产品　　　2019 年 12 月 28 日　　　第 011 号

材料			单位	数量		成本									
						单价	总价								
编号	名称	规格		请领	实发		百	十	万	千	百	十	元	角	分
001	A材料		kg	2000	2000	20.00			4	0	0	0	0	0	0
002	B材料		kg	1000	1000	50.00			5	0	0	0	0	0	0
合计				3000	3000			¥	9	0	0	0	0	0	0

会计联

部门经理：张小刚　　会计：　　仓库：沈健　　经办人：赵兵

单据 10-101 收款收据

收 款 收 据

NO. 121004

2019 年 12 月 28 日

今 收 到 出售废旧物资款　　　　现金收讫

金额（大写） 佰 零拾 零万 零仟 陆佰 贰拾 零元 零角 零分

¥ 620.00　　☑ 现金　☐ 支票　☐ 信用卡　☐ 其他　　收款单位（盖章）

核准　　会计　　记账　　出纳 肖芳　　经手人

第三联 会计联

单据 10-102 增值税专用发票

黑龙江增值税专用发票

1800174130　　№ 00380416　　1800174130　00380416

校验码 12397 39781 79318 31891

此联不作报销、扣税凭证使用　　（国家税务总局监制章）

开票日期：2019年12月28日

购买方	名　　称：大功德废品收购公司 纳税人识别号：23080213882612203N 地 址、电 话：佳木斯市郊区机场路325号　0454-83552115 开户行及账号：中国工商银行佳木斯市前进支行 0904022366891218334	密码区	-65745<19458<3840481700**02 5/37503848*7>234504>-00*003 2//5>*8574567-7<8*87309-007 <413-3001152-/7142>>8088001

货物或应税劳务、服务名称	规格型号	单位	数量	单价	金额	税率	税额
*日杂用品*废旧物资		批	1	548.67	548.67	13%	71.33
合　　计					¥548.67		¥71.33
价税合计（大写）	⊗ 陆佰贰拾元整				（小写）¥620.00		

销售方	名　　称：庆华有限责任公司 纳税人识别号：23080010004228812N 地 址、电 话：佳木斯市郊区机场路66号 0454-86553728 开户行及账号：中国工商银行佳木斯市东风支行 0904021309248180435	备注	（庆华有限责任公司 23080010004228812N 发票专用章）

收款人：　　复核：　　开票人：肖芳　　销售方：（章）

税总函［2018］562号海南华森实业公司

第一联：记账联 销售方记账凭证

单据 10-103 差旅费报销单

差旅费报销单

报销部门：总经理办公室　　2019 年 12 月 28 日

姓名	宋佳	职务	总经理	出差事由	参加会议					
出差起止日期自2019年 12月 22日起至2019年 12月 26日共 5天　附单据 3张										
日期		起讫地点	差旅补助			交通费	住宿费	会务费	其他	小计
月	日		天数	标准	金额					
12	22	佳木斯-哈尔滨	1	180.00	180.00	110.00				290.00
12	26	哈尔滨-佳木斯	4	180.00	720.00	100.00	800.00			1620.00
		合计								¥1910.00
合计人民币(大写)壹仟玖佰壹拾元整　　现金付讫										
预领金额：0 元			交(退)回金额 0元			应补付金额 1910.00元				

单位负责人：宋佳　　会计主管：王力　　部门主管：　　报销人：宋佳

单据 10-104 公益性单位接受捐赠统一收据

公益性单位接受捐赠统一收据

UNIFIED INVOICE OF DONATION FOR PUBLIC WELFARE ORGANIZATION

国财 00203　　2019 年 Y　12 月 M　28 日 D　　(04)No0843113

财政部监制（2004）10000本 至美公司印制

捐赠者 Donor：庆华有限责任公司

捐赠项目 For Purpose：捐赠给农村小学

捐赠金额（实物价值）Total Amount 大写 in Words：零佰壹拾零万零仟零佰零拾零元零角零分

小写 in Figures：100,000.00

佰	拾	万	仟	佰	拾	元	角	分
¥	1	0	0	0	0	0	0	0

货币（实物）种类 Currency (Material Objects)：人民币

备注 Notes

接收单位（盖章）Receiver's Seal：希望工程佳木斯市办事处 财务专用章

审核 Verified by：李娜　　经手人 Handling Person：王佳佳　　支票号 Cheque No：01456311

第二联 捐赠者 Second Donor

感谢您的慷慨捐赠！ Thank you for your generous donation!

单据 10-105 转账支票存根联

中国工商银行
转账支票存根

30909324

01456312

附加信息

上海金达印务印刷有限公司·2012年印制

出票日期 2019 年 12 月 28 日

收款人：希望工程佳木斯市办事处

金　额：¥100000.00

用　途：捐款

单位主管　　会计

单据 10-106 现金支票存根联

中国工商银行
现金支票存根

30909324

01450564

附加信息

上海金达印务印刷有限公司·2018年印制

出票日期 2019 年 12 月 29 日

收款人：王佳来

金　额：¥5000.00

用　途：预付差旅费

单位主管　　会计

单据 10-107 借款单

借款单

2019 年 12 月 29 日

借款部门	销售部	姓名	王佳来	事由	参加会议
借款金额（大写）	零万 伍仟 零佰 零拾 零元 零角 零分 ¥ 5,000.00				
领导审批	宋佳	财务审批	王力	部门审批	王微
出纳付款	肖芳				
借款人	王佳来	备注		现金付讫	

单据 10-108　增值税普通发票

税总函[2018]982号深圳光华印刷有限公司

1100162091　　黑龙江增值税普通发票　　№67901201　　1100162091 67901201

发票联

校验码 12670 23671 98361 23740　　开票日期：2019年12月21日

购买方	名　　称：庆华有限责任公司 纳税人识别号：23080010004228812N 地 址、电 话：佳木斯市郊区机场路66号 0454-86553728 开户行及账号：中国工商银行佳木斯市东风支行 0904021309248180435
密码区	-65745<19458<3840481700**02 5/37503848*7>234504>-00*006 2//5>*8574567-7<8*87309-008 <413-3001152-/7142>>8088037

货物或应税劳务、服务名称	规格型号	单位	数量	单价	金额	税率	税额
*文具*办公用品					200.00	3%	6.00
合　计					¥200.00		¥6.00
价税合计（大写）	⊗ 贰佰零陆元整				（小写）¥206.00		

销售方	名　　称：佳木斯万达百货公司 纳税人识别号：230802238956221854 地 址、电 话：佳木斯市前进区和平路128号 0454-86553088 开户行及账号：中国工商银行佳木斯市前进支行 0904022365120967227
备注	佳木斯万达百货公司 230802238956221854 发票专用章

收款人：　　复核：　　开票人：陈瑜　　销售方：（章）

第二联：发票联　购买方记账凭证

单据 10-109　增值税普通发票

税总函[2018]982号深圳光华印刷有限公司

1800173789　　黑龙江增值税普通发票　　№10986411　　1800173789 10986411

发票联

校验码 12738 15248 71289 41621　　开票日期：2019年12月30日

购买方	名　　称：庆华有限责任公司 纳税人识别号：23080010004228812N 地 址、电 话：佳木斯市郊区机场路66号 0454-86553728 开户行及账号：中国工商银行佳木斯市东风支行 0904021309248180435
密码区	115-56<19458<3840+481*56799 75/373*4348*7>+>-2//54348*7 >*23-4367-7<8*873/+<4840+12 334+2395*3-/>7142>>8--56<32

货物或应税劳务、服务名称	规格型号	单位	数量	单价	金额	税率	税额
*餐饮服务*餐饮费			1	235.85	235.85	6%	14.15
合　计					¥235.85		¥14.15
价税合计（大写）	⊗ 贰佰伍拾元整				（小写）¥250.00		

销售方	名　　称：好味来餐饮有限公司 纳税人识别号：23080010565512986N 地 址、电 话：佳木斯市前进区解放路126号 0454-86773522 开户行及账号：中国工商银行佳木斯市前进支行 0904022316778955110
备注	好味来餐饮有限公司 23080010565512986N 发票专用章

收款人：　　复核：　　开票人：方晶晶　　销售方：（章）

第二联：发票联　购买方记账凭证

单据 10-110　差旅费报销单

差旅费报销单

报销部门：销售部　　　　2019 年　12 月　30 日

姓名		王微	职务	经理		出差事由		参加广交会		
出差起止日期自2019年　12月　25日起至2019年　12月　30日共　6天　附单据　4张										
日期		起讫地点	差旅补助			交通费	住宿费	会务费	其他	小计
月	日		天数	标准	金额					
12	25	佳木斯-广州				520.00				520.00
12	30	广州-佳木斯	6	180.00	1080.00	520.00	2180.00	700.00		4480.00
		合计			1080.00	1040.00	2180.00	700.00		5000.00
合计人民币(大写)伍仟元整										
预领金额：5000　元			交(退)回金额　　元　应补付金额　0.00元							

单位负责人：宋佳　　会计主管：王力　　部门主管：刘力　　报销人：王微

单据 10-111　申请

申　请

由于松柏有限责任公司已经破产，原欠货款58 500元（大写：人民币伍万捌仟伍佰元整）无法归还，特申请转入公司营业外收入。

领导签字：宋佳　　　　财务主管：王力
2019年12月30日　　　　2019年12月30日

（印章：庆华有限责任公司）

单据 10-112　增值税专用发票

1800174130　　**黑龙江增值税专用发票**　　№00380418　　1800174130
00380418

校验码 12791 30137 92703 71393　　此联不作报销、扣税凭证使用　　开票日期：2019年12月30日

税总函[2018] 562 号海南华森实业公司

购买方	名称：中信竹有限责任公司 纳税人识别号：856331040021975822 地址、电话：哈尔滨市南岗区红旗街32号 0451-82351566 开户行及账号：中国建设银行哈尔滨市南岗支行 30161665460808870361	密码区	-65745<19458<38404817000012 5/37503848*7>234504>-000049 2//5>*8574567-7<8*873000007 <413-3001152-/7142>>8000014

货物或应税劳务、服务名称	规格型号	单位	数量	单价	金额	税率	税额
*日杂用品*甲产品		件	200	150.00	30000.00	13%	3900.00
*日杂用品*乙产品		件	500	200.00	100000.00	13%	13000.00
合计					¥130000.00		¥16900.00
价税合计（大写）	⊗壹拾肆万陆仟玖佰元整				（小写）¥146900.00		

销售方	名称：庆华有限责任公司 纳税人识别号：23080010004228812N 地址、电话：佳木斯市郊区机场路66号 0454-86553728 开户行及账号：中国工商银行佳木斯市东风支行 0904021309248180435	备注	（印章：庆华有限责任公司 23080010004228812N 发票专用章）

收款人：　　复核：　　开票人：赵海英　　销售方：（章）

第一联：记账联　销售方记账凭证

单据 10-113　出库单

出　库　单

领料车间(部门): 中信竹有限责任公司　　　　2019 年 12 月 30 日　　　　编号: 00165

产品名称	规格	计量单位	数量		成本		备注
			请领	实发	单位成本	金额	
甲产品		件	200	200	100	20000	销售
乙产品		件	500	500	150	75000	销售
合计			700	700		95000	

会计联

记账:　　　　发料: 沈健　　　　领料负责人: 张春　　　　领料: 刘淑仁

单据 10-114　进账单（收账通知）

ICBC 中国工商银行　　　　进账单（收账通知）3

2019 年 12 月 31 日　　　　№

出票人	全　称	中信竹有限责任公司	收款人	全　称	庆华有限责任公司
	账　号	3016166546080870361		账　号	0904021309248180435
	开户银行	中国建设银行哈尔滨市南岗支行		开户银行	中国工商银行佳木斯市东风支行

金额	人民币（大写）	亿	千	百	十	万	千	百	十	元	角	分
	壹拾肆万陆仟玖佰元整			¥	1	4	6	9	0	0	0	0

票据种类	银行汇票	票据张数	1张
票据号码			

备注:

复核:　　　　记账:

中国工商银行佳木斯市东风支行 业务专用章 (1)

收款人开户银行签章

此联是收款人开户银行交给收款人的收账通知

175*85mm GH066011

单据 10-115　转账支票存根联

中国工商银行
转账支票存根
30909324
01456312

附加信息

出票日期 2019 年 12 月 31 日

收款人: 黑龙江佳木斯电信局

金　额: ¥9810.00

用　途: 支付电话费

单位主管　　会计

上海金达证券印制有限公司・2012 年印制

单据 10-116 增值税专用发票

1800174679 黑龙江增值税专用发票 №82761917 1800174679

82761917

发票联

校验码 81763 91720 71028 01124

开票日期：2019年12月31日

税总函[2018]982号海南华森实业公司

购买方	
名称	庆华有限责任公司
纳税人识别号	23080010004228812N
地址、电话	佳木斯市郊区机场路66号 0454-86553728
开户行及账号	中国工商银行佳木斯市东风支行 0904021309248180435

密码区：

-65745<19458<38404817000006
5/37503848*7>234504>-000006
2//5>*8574567-7<8*873000007
<413-3001152-/7142>>8000008

货物或应税劳务、服务名称	规格型号	单位	数量	单价	金额	税率	税额
*电信服务*通信服务费			1	9000.00	9000.00	9%	810.00
合计					¥9000.00		¥810.00
价税合计（大写）	⊗玖仟捌佰壹拾元整				（小写）¥9810.00		

销售方	
名称	黑龙江佳木斯电信局
纳税人识别号	23080100337328925N
地址、电话	佳木斯市东风区阳光路89号 0454-87226188
开户行及账号	中国工商银行佳木斯市东风支行 0904021388541291323

备注：黑龙江佳木斯电信局 23080100337328925N 发票专用章

收款人： 复核： 开票人：黄伟 销售方：（章）

第三联：发票联 购买方记账凭证

单据 10-117 增值税专用发票

1800164133 黑龙江增值税专用发票 №00180240 1800164133

00180240

发票联

校验码 18291 82018 02183 08048

开票日期：2019年12月31日

税总函[2018]982号海南华森实业公司

购买方	
名称	庆华有限责任公司
纳税人识别号	23080010004228812N
地址、电话	佳木斯市郊区机场路66号 0454-86553728
开户行及账号	中国工商银行佳木斯市东风支行 0904021309248180435

密码区：

-65745<19458<38404817111127
5/37503848*7>234504>-777702
2//5>*8574567-7<8*873888871
<413-3001152-/7142>>8000020

货物或应税劳务、服务名称	规格型号	单位	数量	单价	金额	税率	税额
公共服务		立方米	1000	1.00	1000.00	13%	130.00
合计					¥1000.00		¥130.00
价税合计（大写）	⊗壹仟壹佰叁拾元整				（小写）¥1130.00		

销售方	
名称	佳木斯市自来水公司
纳税人识别号	23080010003162877N
地址、电话	佳木斯市前进区先锋路42号 0454-86683666
开户行及账号	中国建设银行佳木斯市东风支行 0904022309248160553

备注：佳木斯市自来水公司 23080010003162877N 发票专用章

收款人： 复核： 开票人：孙亮 销售方：（章）

第三联：发票联 购买方记账凭证

单据 10-118　转账支票存根联

中国工商银行
转账支票存根
30909324
01456313

附加信息

出票日期 2019 年 12 月 31 日

收款人：佳木斯市自来水公司

金　额：¥1130.00

用　途：支付水费

单位主管　　会计

上海金达证券印制有限公司·2012 年印制

单据 10-119　水费分配表

水费分配表

分配对象	分配金额	备注
基本生产车间	500	
行政管理部门	500	
合计	1000	

审核：王力　　会计：李安　　制单：肖芳

单据 10-120　电费分配表

电费分配表

分配对象	分配金额	备注
基本生产车间	1000	
行政管理部门	1000	
合计	2000	

审核：王力　　会计：李安　　制单：肖芳

单据 10-121　增值税专用发票

1800516545　　黑龙江增值税专用发票　　№23815633　　1800516545 23815633

发票联

校验码 12397 79311 31391 73181

开票日期：2019年12月31日

购买方	名　　称：庆华有限责任公司 纳税人识别号：230800100042288I2N 地址、电话：佳木斯市郊区机场路66号 0454-86553728 开户行及账号：中国工商银行佳木斯市东风支行 0904021309248180435	密码区：-65745<19458<3840481700**45 5/37503848*7>234504>-00*006 2//5>*8574567-7<8*87309-892 <413-3001152-/7142>>8088037

货物或应税劳务、服务名称	规格型号	单位	数量	单价	金额	税率	税额
*石油制品*汽油					5000.00	13%	650.00
合计					¥5000.00		¥650.00
价税合计（大写）	⊗伍仟陆佰伍拾元整				（小写）¥5650.00		

销售方	名　　称：中国石化公司佳木斯分公司 纳税人识别号：23086566122134407N 地址、电话：佳木斯市前进区和平路75号 0454-86332611 开户行及账号：中国工商银行佳木斯市前进支行 0904022300502771234	备注：中国石化公司佳木斯分公司 23086566122134407N 发票专用章

收款人：　　复核：　　开票人：刘苗苗　　销售方：（章）

税总函[2018]982号海南华森实业公司

第三联：发票联　购买方记账凭证

单据 10-122　财产盘点报告单

财产盘点报告单

单位名称: 1、2号仓库　　2019 年　12 月　31 日　　单位: 元

财产名称	计量单位	实存	账存	单位成本	盘盈		盘亏		原因
					数量	金额	数量	金额	
B材料	kg	1890	1900	50.00			10	500.00	管理不善
乙产品	件	4905	4900	150.00	5	750.00			计量不准
合计					5	750.00	10	500.00	

仓库保管员: 沈健　　盘点人: 张凡

单据 10-123　关于盘盈、盘亏财产的处理意见

关于盘盈、盘亏财产的处理意见

我公司月末盘点发现盘亏B材料10kg，计500元，经查属管理不善所致；发现盘盈乙产品5件，计750元，经查属计量不准所致。原因已查明，请财务部门按会计制度进行处理。

庆华有限责任公司
2019年12月31日

单据 10-124　库存现金盘点表

库存现金盘点表

2019 年 *12* 月 *31* 日　　单位：庆华有限责任公司

票面额	张数	金额	票面额	张数	金额
壹佰元	300	30000.00	伍角		
伍拾元	100	5000.00	贰角		
贰拾元	5	100.00	壹角		
拾元	6	60.00	伍分		
伍元	1	5.00	贰分		
贰元			壹分		
壹元			合计	412	35165.00

现金日记账账面余额：35065

差额：100

处理意见：

现金盘盈，原因不明，按会计制度处理

财务经理：王力　　监盘人员：王力　　出纳：肖芳

单据 10-125　关于现金盘盈的处理意见

关于现金盘盈的处理意见

我公司月末盘点发现现金盘盈100元，原因不明，请财务部门按会计制度进行处理。

庆华有限责任公司
2019年12月31日

单据 10-126　固定资产盘点表

固定资产盘点表

2019 年　12 月　31 日　　　　单位: 庆华有限责任公司

固定资产类别		固定资产账面情况					存放地点	实际负责人	盘点结果						
		固定资产名称	数量	单价	金额	已折旧额			计量单位	数量	单价	金额	盘盈	盘亏	备注
生产用	在用	打印机	5	2000	10000	7500	办公区		台	4	2000	8000		√	
	未用														
	不需用														
	季节性停用														
非生产用	在用														
	未用														
	不需用														
审批意见:									总经理:						

清查小组签字:　　　　复核人:　　　　填表人:

单据 10-127　关于资产盘亏的处理意见

关于资产盘亏的处理意见

我公司月末盘点发现打印机盘亏1台，原值2000元，已计提折旧1500元，盘亏原因不明，请财务部门按会计制度进行处理。

庆华有限责任公司
2019年12月31日

单据 10-128　工资费用分配表

工资费用分配表

2019 年12月31日　　单位：元

分配对象	分配金额	备注
甲产品	80000.00	
乙产品	60000.00	
车间管理人员	10000.00	
行政管理人员	20000.00	
销售部门人员	20000.00	
合计	190000.00	

单据 10-129　职工福利分配表

职工福利分配表

2019 年12月31日　　单位：元

分配对象	分配金额	备注
甲产品	11200.00	
乙产品	8400.00	
车间管理人员	1400.00	
行政管理人员	2800.00	
销售部门人员	2800.00	
合计	26600.00	

单据 10-130　工会经费分配表

工会经费分配表

2019 年12月31日　　单位：元

分配对象	分配金额	备注
甲产品	1600.00	
乙产品	1200.00	
车间管理人员	200.00	
行政管理人员	400.00	
销售部门人员	400.00	
合计	3800.00	

单据10-131　折旧费计提表

折旧费计提表

2019 年 12 月　　　　单位：元

使用部门	固定资产类别					金额
	办公设备					
生产车间	车床					7, 694.00
行政管理部门	电脑					2, 150.00
销售部门	电脑					200.00
合计						10, 044.00

审核：王力　　　　制单：王敏

单据10-132　借款利息计算表

借款利息计算表

2019 年 12 月 31 日　　　　金额单位：　元

借款性质	借款金额	借款利率	计息期间	借款利息	已提利息	合计
短期借款	500, 000. 00	1. 8%/年	20191201-20191231	750. 00	1500. 00	2250. 00
长期借款	100, 000. 00	3. 6%/年	20191201-20191231	300. 00	0. 00	300. 00
合计	600, 000. 00			1050. 00	1500. 00	2550. 00

单据10-133　制造费用汇总表

制造费用汇总表

年　月　日　　　　单位：元

年		凭证编号	摘要	项目							
月	日			工资	折旧费	修理费	机物料	水电费	办公费	其他	合计
			本月合计								

单据 10-134 制造费用分配表

制造费用分配表

2019年12月31日 单位：元

产品名称	分配标准（生产工人工资）	分配率	分配金额
甲产品	80000.00		
乙产品	60000.00		
合计	140000.00		

审核：王力 会计：张红 制单：李安

单据 10-135 产品成本计算表

产品成本计算表

2019年12月31日 单位：元

成本项目（甲产品4000件，乙产品2000件）	甲产品总成本	甲产品单位成本	乙产品总成本	乙产品单位成本
直接材料				
直接人工				
制造费用				
合计				

单据 10-136 产成品入库单

产成品入库单

交库单位：生产车间 2019年 12月 31日

产品名称	规格型号	单位	交付数量	检验结果		实收数量	金额
				合格	不合格		
甲产品		件	4000	合格		4000	
乙产品		件	2000	合格		2000	
			6000			6000	

财务联

车间送库： 检验： 仓库验收：沈健

单据 10-137 产品销售成本汇总计算表

产品销售成本汇总计算表

2019年12月31日 单位：元

产品名称	单位	销售数量	单位成本	总销售成本	备注
甲产品	件				
乙产品	件				
合计					

单据10-138　附加税计算表

城市维护建设税及教育费附加计算表

2019年12月31日　　单位：元

计税依据	城市维护建设税税率	城市维护建设税金额	教育费附加税率	教育费附加金额
应交增值税	7%		3%	
合计				

审核：　　会计：　　制单：

单据10-139　12月损益类账户资料表

12月损益类账户资料表

2019年12月31日　　单位：元

收入类账户	发生额	支出类账户	发生额
主营业务收入		主营业务成本	
投资收益		税金及附加	
其他业务收入		管理费用	
营业外收入		销售费用	
		财务费用	
		营业外支出	
合计		合计	
12月份利润总额			

单据10-140　12月所得税计算表

12月所得税计算表

2019年12月31日　　单位：元

项目	计税依据	税率	税额	备注
应交所得税		25%		不考虑纳税调整事项
合计				

单据10-141　所得税结转单

所得税结转单

2019年12月31日　　单位：元

项目	账户	金额
应借账户		
应贷账户		

单据10-142　本年利润结转计算表

本年利润结转计算表

2019 年 12 月 31 日　　　　单位:元

项目	金额	应借账户	应贷账户	金额
期初本年利润				
加：12月份净利润				
全年净利润				

审核：　　　　会计：　　　　制单：

单据10-143　盈余公积计算表

盈余公积计算表

2019 年 12 月 31 日　　　　单位:元

项目	计提比例	金额	应借账户	应贷账户
全年净利润总额	—			
法定盈余公积	10%			

审核：　　　　会计：　　　　制单：

单据10-144　关于分配现金股利的公告

关于分配现金股利的公告

经股东大会批准，我公司决定分配现金股利200000元。

庆华有限责任公司

2019年12月31日

单据10-145　利润分配各明细账户结转单

利润分配各明细账户结转单

2019 年12月31日　　　　单位：元

项目	账户名称	金额
应借账户		
应贷账户		
应贷账户		

主要参考文献

[1] 沈清文. 会计基本能力训练 [M]. 北京：中国农业出版社，2010.
[2] 沈清文. 基础会计 [M]. 北京：中国农业出版社，2015.
[3] 沈清文. 基础会计实训 [M]. 北京：中国人民大学出版社，2017.
[4] 郭黎，喻辉. 会计基础 [M]. 3版. 大连：东北财经大学出版社，2019.